러시아 vs 일본
한반도에서 만나다

러시아 vs 일본
한반도에서 만나다

초판 1쇄 발행 ┃ 2016년 4월 14일
초판 3쇄 발행 ┃ 2018년 2월 5일

지은이 이성주
책임편집 조성우
편집 손성실
마케팅 이동준
디자인 권월화
용지 월드페이퍼
제작 ㈜상지사P&B
펴낸곳 생각비행
등록일 2010년 3월 29일 ┃ 등록번호 제2010-000092호
주소 서울시 마포구 월드컵북로 132, 402호
전화 02) 3141-0485
팩스 02) 3141-0486
이메일 ideas0419@hanmail.net
블로그 www.ideas0419.com

책값은 뒤표지에 있습니다.
잘못된 책은 바꾸어드립니다.

러시아 vs 일본 한반도에서 만나다

이성주 지음

전쟁으로 보는 국제정치

인류의 역사는 곧 전쟁의 역사다. 지구상에 전쟁이 없던 때는 없었다.

물론 평화를 위한 노력을 하지 않은 것은 아니다. 기원전 1500년부터 기원후 1860년까지 인류는 8000건에 달하는 '평화조약'을 체결하였으나 평균 2년밖에 지속되지 않았다. 인류는 전쟁을 떠나서는 생각할 수 없는 존재다.

재미난 사실은 이렇듯 서로를 죽이지 못해 안달이 난 족속이면서도 곧 그 사실을 망각한다는 것이다. 바로 얼마 전까지만 해도 서로를 죽일 듯 노려보며 총칼을 뽑아들었지만 언제 그랬냐는 듯 잊어버리고 일상을 영위한다. 그리고는 전쟁이란 군인들에게 한정된 문제일 뿐이고, 전쟁은 우발적인 충돌에 의해 일어난다는 잘못된 선입견을 갖는다.

하지만 과연 그럴까? '전쟁은 다른 수단에 의한 정치의 연장'이라는 클라우제비츠Carl von Clausewitz의 유명한 금언을 꺼내지 않더라도 전쟁이 군인들에 한정된 폭력 행위가 아니란 사실을 우리는 이미 잘 알고 있다. 한 나라의 군사력은 곧 그 나라의 주권을 의미한다. 이 주권이 움직여서 만들어내는 것이 바로 전쟁이다. 전쟁은 그 자체로 한 나라의 정치 행위이며 최후의 외교 정책이다.

'전쟁으로 보는 국제정치'라는 기획은 바로 여기에서 출발했다. 전쟁을 전쟁 자체로만 이야기할 것이 아니라 전쟁의 막후에 있었던 수많은 이해관계와 정치적 결정을 더듬어보며 전쟁의 본질을 함께 고민해보자는 것이다.

그 시작을 일본으로 잡은 데에도 이유가 있다. 20세기 가장 역동적인 전쟁 역사를 가지고 있고, 그 존재 자체가 한민족의 운명과 긴밀히 연관된 일본의 전쟁 기록은 우리 민족과 국가의 운명을 설명해주는 기록이기도 하다. 20세기 일본은 '전쟁 국가'라 해도 과언이 아닐 정도로 전쟁을 떼어놓고 이야기할 수 없는 나라였다. 국가의 탄생 자체가 전쟁에서 비롯되었고, 전쟁을 통해 제국으로 성장했으며, 전쟁으로 망했고, 다시 전쟁으로 부활한 나라가 일본이다. 그리고 그런 일본이 최우선적으로 확보하려고 애썼던 땅이 바로 한반도였다.

메이지 유신으로 근대를 완성한 일본에서 제일 먼저 주목한 것이 한반도였다. 그들은 한반도에서 일본제국의 미래를 생각했고, 이 생각들이 하나의 이론으로 묶여져 '정한론'으로 정립되었다.

아이러니하게도 일본은 한반도를 점령하면서 전쟁 국가로서의 체제를 완성했고, 패망하고 나서는 한반도가 전쟁에 휩싸였기에 부활할 수 있었다. 그렇기에 일본의 전쟁사를 확인하는 것만으로 한민족의 운명을 가늠해볼 수 있다.

1945년 8월 패망한 일본은 맥아더의 주도하에 '농업국가'의 길로 접어들게 됐다. 더 이상 미국에 대해 이빨을 들이밀지 못하도록 맥아더와 GHQ General Headquarters는 철저히 일본을 압박했다.

그러나 1950년 6월 25일 한반도에서 날아든 전쟁 소식은 일본에게 하나의 희망이 돼 주었다(2차 대전의 후유증에 신음하던 유럽각국도 여기에 포함됐다). 6.25 전쟁 발발 소식을 접한 당시 일본 총리 요시다 시게루吉田茂의 단말마가 이 모든 걸 웅변해준다.

"이제 일본은 살았다."

한국전쟁 덕분에 일본은 경제적으로 살아났고, 정치적으로도 국제사회에서 부활할 수 있게 됐다. 제2차 대전의 전범국가 일본은 이제 공산주의 세력을 막아내는 아시아의 보루로 환골탈태한 것이다.

전쟁으로 망하고 전쟁으로 부활한 일본이 전쟁을 생각할 때 그 첫머리로 오르는 이름이 한반도였다. 일본의 전쟁역사를 확인하는 것 자체가 한민족의 운명을 가늠할 수 있다는 의미이다. 즉, 일본 전쟁의 역사는 한반도 전쟁의 역사, 한반도 침략의 역사의 다름이란 것이다.

이 책을 통해 전쟁 이면에 있는 정치적 결정과 그 결정에 의해 수행된 전쟁의 인과관계를 확인해본다면 클라우제비츠의 금언의 의미를 이해할 수 있을 것이다.

대부도에서

• 차례 •

머리말 ― 전쟁으로 보는 국제정치 _ 4

01 ― 그레이트 게임   11

청일전쟁과 한반도 _ 13 | 일본식 전쟁 경제의 시작 _ 19
전쟁과 평화 그리고 그레이트 게임 _ 21

02 ― 삼국 간섭, 일본의 트라우마가 되다   27

시베리아 횡단철도 _ 31 | 삼국 간섭과 일본의 분노 _ 34
그레이트 게임의 피날레 _ 40

03 ― 러시아와 일본 한반도에서 만나다   43

간을 보던 시간들 _ 49 | 러일전쟁의 시작점에서 _ 52

04 ― 개전   59

협상 결렬 그리고 기습 준비 _ 61 | 일본이 간과한 점 _ 66
뤼순으로 가는 길 _ 69 | 블랙 코미디 _ 73

05 ― 일본이 겪은 첫 근대전   77

촉박 _ 80 | 결착 _ 83 | 채권이 팔리기 시작했다! _ 87

06 ― 이상한 전쟁   93

이상한 전쟁 _ 96 | 마지막 카드 _ 100
영국, 드디어 움직이다 _ 103

07 ─ 봉천회전 109

피의 일요일 _ 110 ｜ 각자의 사정 _ 117 ｜ 다른 듯 같은 상황 _ 120
육지의 오야마, 바다의 도고 _ 123 ｜ 지상 최대의 전투 _ 126
일본군의 승부수 _ 132 ｜ 전투 개시 _ 136 ｜ 어쨌든 승리 _ 144

08 ─ 폭풍전야 149

가난한 일본이 쥐어짜낸 전함들 _ 152
세계 최대 해전의 서막 _ 155 ｜ 그리고 독도 _ 157

09 ─ 쓰시마 해전 163

도고 헤이하치로의 승부수 _ 168 ｜ 쓰시마 해전 _ 170

10 ─ 상처뿐인 영광? 177

배상금, 배상금, 배상금! _ 181 ｜ 남몰래 웃음 짓던 이들 _ 184
충격적 데뷔와 뒤이은 견제 _ 186

11 ─ 전리품 191

러일전쟁의 전리품, 조선 _ 197

12 ─ 비극의 시작 203

파벌이 움직이기 시작하다 _ 208

13 ─ 러일전쟁이 남긴 것 219

러일전쟁이 남긴 것 _ 223 ｜ 전함, 그 피할 수 없는 유혹 _ 226

참고자료 ─ 232

01

그레이트 게임

동서고금을 막론하고 전쟁이 없었던 시절은 없다. 전쟁은 인류의 오랜 질병과도 같다. 20세기 들어 자본주의는 일정 수준의 '파괴 행위' 이후 활력이 생기고, 이를 통해 더욱 발전하게 되었다. 제2차 세계 대전 이후 미국은 군산복합체로 넘어가게 되었고, 1950년대 초 8퍼센트에 달하던 실업률과 추락하던 경기가 1950년 동북아시아의 한 작은 나라에서 발생한 내전 덕분에 한 방에 날아가면서 '전쟁 경제' 체제가 공고화됐다.

《전쟁론》의 저자 클라우제비츠는 정치권력이 합리적 계산과 결단으로 전쟁을 '관리'할 수 있다고 생각했다. 그러나 20세기 이후 전쟁의 우발성과 불확실성은 인간의 관리 수준을 넘어섰다. 전쟁은 인간의 합리적 선택이 아닌 다른 요인, 즉 국가라는 집단의 집단 감정에 의해 감정적이고 돌발적으로 움직이기 시작한다.

우리는 언제부터인가 전쟁에서 정치가 차지하는 부분을 간과하고 있다. 전쟁 전, 전쟁 중, 전쟁 후에도 정치는 언제나 전쟁의 핵심 요소다. 합리적 계산과 결단으로 전쟁을 관리할 수는 없어도 최소한 전쟁으로 이르는 과정, 전쟁 수행 단계에서의 생산 수단의 집결과 동원, 그리고 전후 처리 단계에서 정치는 핵심 요소다.

청일전쟁과 한반도

—

"일본의 국방상 안전을 위해서는 이익선의 보호가 필요하다." — 야마가토 아리토모 수상, 1890년 제1회 제국의회 시정방침 연설 중

19세기 말, 메이지 유신을 통해 성공적으로 근대로 넘어간 일본은 한반도로 눈길을 돌렸다. 이미 메이지 유신 중에도 '정한론征韓論'이 나온 바 있었기에 갑작스러운 일은 아니었다. 야마가타 아리토모山県有朋 수상의 '이익선' 선언은 한반도에 대

한 일본 정부의 공식적인 시각을 대외에 선포한 것이었다. 여기서 이익선이란 일본의 '주권선'(국가 통치의 주권이 미치는 선)의 안전과 관계된 것이었다.

한낱 정치적 선언 중 하나였지만 이 선언의 의미는 무겁다. 이 선언은 이후 60여 년에 걸친 일본의 주권선 확장에 (자신들만의) 정치적 정당성을 제공했다. 이 선언은 한반도 식민지화, 만주국 건설, 중국 침략, 동남아시아 침략과 태평양전쟁으로 이어지는 이익선 확장 과정의 시발점이 되었다.

일본 이익선의 시발점이 된 한반도에 대한 일본인의 적개심과 두려움은 그때까지 일본에서 외세의 침입은 13세기 고려와 연합한(고려가 끌려간 경우지만) 몽골의 침입이 유일무이했기 때문이었다. 그래서 일본인들에게 한반도는 일본 침공의 전초 기지로 인식됐던 것이다. 이는 사실이기도 했다.

몰트케Helmuth von Moltke의 제자로 일본 육군대학에서 일본 장교들을 훈련시킨 클레멘스 빌헬름 야콥 멕켈Klemens Wilhelm Jacob Meckel 소령은 파견을 마치고 돌아가면서 뼈 있는 한마디를 남겼다. "한반도는 일본을 겨눈 비수와 같다."

당시 육군대학에서 멕켈 소령의 위상은 상당했다. 육군대학은 조슈번長州藩 출신이 장악한 육군의 엘리트 양성 코스였다.

클레멘스 빌헬름 야콥 멕켈

독일의 육군대학Preuische Kriegsakademie을 모방한 일본 육군대학은 미래의 엘리트 간부를 만들기 위해 모든 노력을 다했고, 이때 파견된 멕켈 소령은 도상 연습, 전술 교육과 참모 교육을 중점적으로 실시해 일본 육군의 기틀을 잡았다. 이런 멕켈 소령이 한반도를 '비수'라고 평가한 것이다.

일본은 더더욱 한반도에 집착하게 되었는데, 그 시발점이 된 사건이 청일전쟁이었다. 당시 일본은 외교적 방법으로 한반도에서의 영향력을 확대하려고 했다. 전통적으로 한반도의 소유권은 중국에 있었다. 이를 밀어내기 위해 일본은 각고의 외교적 노력을 했으나 임오군란(1882) 때 조선인들의 반감을

확인하고, 뒤이은 갑신정변(1884) 때 청나라의 영향력을 확인
하는 선에서 물러서야 했다.

갑신정변 이후 일본은 군사적으로 한반도 문제를 해결하겠
다는 결심을 하게 된다. 문제는 당시 일본의 군사력이었는데
모든 면에서 청나라 군대에 밀렸다. 병력 면에서는 청나라가
압도적이었고, 근대화에 성공했음에도 일본은 해군력에서도
밀렸다. 당시 청나라는 7000톤급의 세계 최대급 전함들을 보
유하고 있었으나 일본은 4000톤급 전함도 없었다. 갑신정변
이후 일본은 해군력 증강에 나섰고, 육군은 편제 자체를 대륙
작전형으로 바꿨다. 그에 따라 군사비 지출도 가파르게 상승
했다. 갑신정변 이전에는 전체 예산의 16퍼센트를 차지하던
군사비가 갑신정변 이후 26퍼센트로 늘었다.

문제는 당시 세계열강들의 시선이다. 일본이 제아무리 군사
력을 키운다 하더라도 청나라의 상대가 될 수 없다는 것이 당
시의 중론이었다. 체급에서부터 차이가 난다는 것이었다. 한
반도에 진주한 이홍장李鴻章의 병력만 5만이었는데, 당시 일본
의 총병력 수가 12만이었다(청일전쟁 기간 동안 일본은 약 24만의
병력을 동원했다). 청나라는 그 몇 배의 병력도 쉽게 동원할 수
있었다.

그러나 전쟁은 뚜껑을 열어보기 전에는 모르는 법. 일본 스스로도 승리를 장담할 수 없었던 청일전쟁은 일본의 압승으로 끝났다. 전사자가 1만 3000명이나 됐으나 이 중 실제 교전에 의한 전사자 수는 1500명이었고, 나머지는 전염병이나 질병에 의한 사망이었다. 왜 그랬을까?

당시 열강들은 '근대와 전근대의 대결'이라고 분석했다. 이홍장은 전투 자체를 회피했다. 청나라 내에서 하나의 군벌로 자리 잡았던 이홍장에게 병력의 소모는 곧 자기 권력의 축소였다. 즉, 최대한 자신의 병력을 온전하게 지켜야 했다.

또한 병사의 자질도 생각해봐야 한다. 고대 그리스의 아테네를 생각해보면 이해가 빠를 것이다. 바로 팔랑크스Phalanx다. 기동성이 떨어지고 측면이 약하다는 약점이 있지만, 로마 군단이 등장하기 전까지 팔랑크스, 밀집 장창 대형은 한 시대를 풍미한 최고의 전술이었다. 아테네가 페르시아전쟁에서 승리한 배경에는 바로 이 팔랑크스가 있었다.

당시 페르시아나 지중해 인근의 다른 국가가 아테네의 팔랑크스를 흉내 내기는 어려웠다. 가장 큰 문제는 정치 체제가 민주정인가 아닌가 하는 것이다. 만약 계급이 정해져 있는 사회라면 이처럼 다닥다닥 붙어서 옆 사람의 방패를 믿고 진을 짤

아테네의 팔랑크스

수 있었을까? 국가의 운명과 자신의 운명을 동일시할 수 있는 사회만이 이런 전술을 만들 수 있는 것이다(예외는 있다. 테베의 신성부대는 150쌍의 동성 커플로 진을 짜 무적의 부대를 만들었다. 사랑의 힘!).

프랑스 대혁명 시기 유럽 각국의 침략을 막기 위해 분연히 떨쳐 일어난 (초창기) 시민군들 또한 마찬가지다. 국가와 자신의 운명을 동일시하는 '국민'의 존재는 전쟁의 양상을 바꿔놓았다. 청나라는 국가 권력에 의해 끌려간 '신민臣民'으로 병력을 충원한 데 반해(더군다나 이홍장은 군벌이었다) 일본은 명목상 이나마 메이지 유신 이후 '국민國民'의 개념으로 병력을 충원했다. (여담이지만 근대는 19세기 나폴레옹전쟁을 통해 완성됐다 할 수 있다. 국민개병제, 국민교육, 보건, 복지의 개념은 나폴레옹전쟁을 통해 이루어졌다.)

그렇다면 청일전쟁의 전후 처리 과정은 어떠했을까?

일본식 전쟁 경제의 시작

—

제1조. 청나라는 조선이 완전무결한 자주독립국임을 확인하고 조선의 자주독립을 훼손하는 일체의 것, 예컨대 청나라에 대한 조공·헌상·전례 등을 모두 폐지한다.

제2조 3항. 청나라는 랴오둥 반도, 타이완 섬, 펑후제도 등 부속 여러 섬의 주권 및 그 지방에 있는 성루, 병기 제조소 등을 영원히 일본 제국에 할양한다.

제4조. 청나라는 일본에 배상금으로 2억 냥을 지불한다.

— 1895년 4월 17일 체결된 시모노세키 조약 중

국사가 선택 과목이 아니었던 시절 국사 교과서에 실렸던 '시모노세키 조약'을 기억하는 독자들이 있을까? 그때 교육부가 강조한 것은 제1조의 내용이었다. 조선이 자주독립국임을 천명한 것은 이후 일본이 조선을 강제 병합하기 위한 사전 수순이었다는 것이다. 그러나 당시 더 중요했던 내용은 제2조와 제4조였다.

제2조부터 살펴보자. 타이완과 랴오둥 반도를 할양받는다는 것의 의미를 생각해봐야 한다. 랴오둥 반도는 일본 육군의 대륙 진출을 위한 발판이 되는 곳이고, 타이완은 일본 해군이 태평양과 중국 남부로 진출해 중국을 포위하기 위한 교두보이다. 일본이 본격적으로 제국주의의 길을 걷기 시작한 것이다.

제4조는 이후 일본의 정체성을 확인하는 조항이다. 전쟁에 필요한 세 가지가 있다. 돈, 돈, 그리고 더 많은 돈이다. 중국이 지불해야 했던 2억 냥의 돈은 중국 예산의 세 배, 일본 예산의 네 배, 청일전쟁 비용의 두 배에 달하는 금액이다. 이 돈은 이후 일본이 러일전쟁을 치르기 위한 종잣돈이 된다(러일전쟁 이후 배상금을 받을 수 없게 된 일본이 공황 상태에 빠진 이유가 바로 여기에 있다. 일본은 전쟁에서 이겨 배상금을 받아 전비를 충원하고 다음 전쟁을 위한 종잣돈을 만드는 '사이클'을 맛본 것이다).

여기까지만 보면 일본의 완벽한 승리로 보인다. 하지만 이내 복병이 튀어나온다. 바로 러시아다.

전쟁과 평화 그리고 그레이트 게임

톨스토이의 《전쟁과 평화》는 크림 전쟁의 패배로 상처 입은 조국을 위로하기 위해 1812년 나폴레옹 군대를 격퇴하던, 러시아가 가장 '잘나가던 시절'을 회상하는 소설이다. 유럽의 지배자였던 나폴레옹은 1815년 워털루에서 퇴장하게 되었다. 이제 전후 질서는 어떻게 개편될까? 전통적 강자, '해가 지지 않는 나라'인 영국에 맞서 유라시아 대륙의 강자가 된 러시아가 '유럽의 헌병'을 자처했다. 니콜라이 1세 시절이었다.

당시 리시아는 16세기에 이미 북쪽 시베리아를 넘어 태평양 연안까지 국경을 넓혔고, 1689년에는 네르친스크 조약을 맺어 청나라와 국경선을 정리했다. 러시아는 이때부터 태평양에 맞닿은 거대한 영토를 확보하게 되었다. 그러나 치명적인 약점이 있었으니, 바로 얼지 않는 항구인 '부동항'에 대한 타는 목마름이었다.

이 시기 영국은 로또를 맞게 된다. 바로 '해가 지지 않는 대영제국 황제의 왕관 한가운데를 장식하는 빛나는 보석' 인도다. 1858년 영국은 인도를 차지했다. 이는 영국에게 엄청난 부를 선사했는데, 인도에서 무한정으로 생산되는 목면을 가져와 맨체스터의 방직 공장에서 면직물을 생산해내게 된 것이다. 지금으로 치자면 사우디아라비아와 베네수엘라, 쿠웨이트를 점령한 것과도 같다.

세계 각국이 영국을 견제하고 영국의 부를 빼앗기 위해 도전했지만 영국은 꿈쩍도 하지 않았다. 영국은 전 세계의 바다를 지배한 나라가 아니던가? (전통적으로 영국 해군은 세계 2위와 3위의 해군력을 가진 국가가 연합해서 공격해와도 상대할 수 있을 정도의 전력을 유지하는 것을 목표로 했다.)

영국의 방직 공장

이때 덜컥 등장한 것이 러시아였다. 러시아는 끊임없이 바다로 진출하려 했고, 19세기 중반에는 흑해를 목표로 삼았다. 그리스 정교도를 보호하겠다는 구실로 오스만 제국을 치고 들어간 러시아는 보기 좋게 박살이 났다. 영국은 오스만 제국을 지원했는데, 이를 계기로 1853년 나이팅게일이 활약한 크림 전쟁이 발발했다. 결국 러시아는 눈물을 머금고 흑해를 포기해야만 했다.

그러나 여기서 마음을 접을 러시아가 아니었다. 영국의 '빛나는 보석'에 직접적인 압박을 가하기로 결심한 것이다. 러시아는 인도와의 사이에 있는 중앙아시아 이슬람 왕국들과 토호국을 계속 공격해 (애들 팔목 비틀기처럼) 손쉽게 이들을 흡수해 나갔다. 영국은 러시아를 막기 위해 또다시 온 힘을 기울였다. 이때 러시아와 대치했던 곳이 바로 아프가니스탄 지역이다. 1885년 러시아는 아프가니스탄 북쪽의 판데Pandeh에 주둔하고 있던 아프가니스탄 방위군을 공격하고 아프가니스탄을 점령했다. 인도를 공격하기 위한 전초기지를 확보한 것이다.

영국은 공황 상태에 빠졌다. 런던 증권거래소에서는 연일 폭락장이 연출됐으며, 당시 집권당이었던 글래드스톤 자유당 내각은 전시 예산을 배정받았다. 러시아 주재 영국 대사는

"만약 판데를 넘어 아프가니스탄으로 진격할 경우 즉각 전쟁으로 대응하겠다"라는 확실한 경고를 러시아 측에 전달했으며, 영국 외무부는 선전포고문 작성에 들어갔다. 영국군은 인도 북쪽에 주둔하고 있던 병력 2만 5000명을 비상소집해 대기시켰으며, 해군은 이미 러시아 함대의 동향을 파악하고 있었다.

국제 정세도 요동쳤는데, 미국은 이때 영국과 러시아가 전쟁 상태에 돌입했다고 판단했고, 독일과 프랑스 정부도 발칵 뒤집혀서 영국에 붙을지 러시아에 붙을지 고민하며 모든 정보 역량을 최대로 가동했다. 당시 전 세계는 세계 대전 직전까지 간 상태였다.

슬픈 이야기지만 이때 조선의 거문도도 '판데 사태'의 여파로 영국에 점령당하게 되었다. 1885년 영국 해군은 조선의 거문도를 점령했는데, 조선과 러시아의 밀약 때문이었다.

당시 한반도는 서구 열강과 중국, 일본의 각축장이었다. 당시 청나라는 명성황후를 견제하기 위해 청나라에 억류돼 있던 홍선대원군을 돌려보내려는 움직임을 보였다. 이에 놀란 명성황후는 청나라와 일본을 견제한다는 명분하에 러시아를 끌어들였다. 이때 러시아와 조선은 '한러 비밀협약'을 체결했

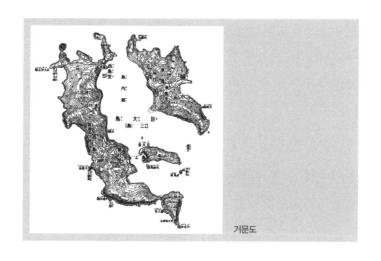

거문도

다. 세계가 대전쟁의 소용돌이에 휩싸이던 그 순간 '얼떨결에' 조선도 한 발 걸치게 된 것이다.

한러 비밀협약 내용 중에는 비상사태 시 거문도에 러시아 해군의 석탄 보급 기지를 설치해 사용할 수 있다는 조항이 있었다. 이를 간파한 영국이 선수를 쳐 거문도를 점령한 것이다. 영국 해군은 1885년 4월 7일 러시아의 판데 점령 소식을 접하고 정확히 일주일이 지난 4월 15일에 거문도를 점령했다(석탄 보급 기지의 중요성은 이후에 있을 러일전쟁의 클라이맥스인 쓰시마 해전에서 잘 드러난다).

러시아는 이에 매우 날카롭게 반응하며, 원산과 제주도에

출병해 전력 균형을 무너뜨릴 수 있다는 경고를 영국에 날렸다. 하지만 러시아나 영국이나 이것이 단순한 허풍에 불과하다는 사실을 잘 알고 있었다. 세계 대전 직전까지 갔지만 영국이나 러시아는 전쟁이 부담스러웠다. 만약 전쟁의 도화선에 불을 붙이면 초강대국이었던 영국과 러시아 둘 중 하나는, 혹은 두 나라 모두 회복하기 힘든 타격을 입을 것이 자명했다. 결국 이들은 전쟁 바로 직전에 주먹을 거두었다. 1887년 영국과 러시아는 아프가니스탄 국경에 대해 합의했고, 영국 해군도 거문도에서 철수했다.

1813년부터 1907년 영러 협상Anglo-Russian Entente까지 100년 가까이 진행된 러시아의 진출과 이를 막아서는 영국의 싸움. 국제정치사에서는 이를 '그레이트 게임Great Game'이라고 부른다. 영국과 러시아가 각자의 야망을 위해 전 세계를 체스판으로 상정하고 게임을 한 것이다. 그 와중에 애꿎은 조선은 멀쩡한 영토를 점령당했고, 일본은 영국의 농간에 놀아나 러시아와의 전쟁에 뛰어들었다.

02

삼국 간섭.
일본의 트라우마가 되다

1891년 5월 11일 '오쓰 사건大津事件'이라 불리는 사건이 발발했다. 러시아 제국 황태자였던 니콜라이(훗날의 니콜라이 2세)가 시베리아 철도 극동지구 기공식을 위해 블라디보스토크로 가는 도중 잠시 일본을 방문했다. 그런데 그때 오쓰 시의 경비를 맡고 있던 경찰관 쓰다 산조津田三藏가 칼을 휘둘러 니콜라이 황태자의 목에 상처를 입혔다.

당시 일본은 말 그대로 공황 상태에 빠졌다. 황태자, 그것도 영국과 어깨를 나란히 하는 초강대국 러시아의 황태자에게 칼을 들이밀었다는 사실에 일본은 벌벌 떨었다. 그 즉시 천황까지 나서 고베에 정박해 있는 러시아 군함을 찾아가 사과와 위로를 전했다(이때 천황이 납치될지도 모른다며 군함 승선에 반대하는 여론도 있었다). 일본의 학교는 휴교했고, 신사, 절, 교회에

니콜라이 2세

서는 황태자의 회복을 비는 기도를 했다. 일본 학생들은 사과와 조속한 쾌유를 비는 편지를 써서 보냈으며, 황태자를 향한 문안 전보는 1만 통을 넘어섰다. 1891년 5월 20일에는 하타케야마 유코畠山勇子라는 여성이 교토에서 사죄의 의미로 자결했는데, 일본 언론은 이를 대서특필하며 유코의 행동을 찬양했다. 야마가타 현 모가미 군 가네야마 촌에서는 '쓰다津田'와 '산조三藏'라는 이름을 금지하는 조례안을 결의하기도 했다.

범인 쓰다 산조는 법적으로 사형시킬 수 없는 상황이었지만, 러시아가 일본의 상황을 예의주시하고 있었기에 일본은 전전긍긍할 수밖에 없었다. 일본 황실에 위해 행위에 대해서는 사형 판결이 가능했지만(형법 제116조 대역죄) 외국 황족에 대해서는 별다른 규정이 없었다. 이토 히로부미는 계엄령을 발령해서라도 사형에 처해야 한다고 주장했고, 체신대신이었던 고토 쇼지로後藤象二郎는 "쓰다를 납치해 권총으로 사살하는 것이 최선책"이라는 주장까지 했다. 그러나 당시 일본 대심원의 고지마 고레카타児島惟謙는 법치 국가로서 국가가 법을 준수해야 한다며 정부의 압력에 강력히 반발했고, 결국 쓰다 산조는 사건 발발 16일 만에 모살미수죄로 무기징역 선고를 받았다.

일본 정부와 국민은 최악의 경우 러시아가 전쟁을 일으킬지도 모르며, 막대한 배상금을 물게 되거나 자국 영토를 할양해

쓰다 산조

야 할지도 모른다며 전전긍긍했다. 그러나 러시아는 일본의 신속한 대처와 납작 엎드린 모양새를 인정하여 별말 없이 사건을 넘겼다. 러시아 황제였던 알렉산드르 3세가 넌지시 쓰다 산조의 사형을 요구했을 뿐이었다.

그리고 4년 뒤인 1895년 일본 국민은 러시아에 대한 적개심을 천명했고, 일본 정부는 러시아와의 전쟁을 상정한 군사 계획과 전력 확충에 나섰다.

시베리아 횡단철도

—

기차의 등장은 전쟁 양상을 180도 뒤바꿔놓았다. 제1차 세계 대전을 예로 들어보자. 냉정하게 봤을 때 제1차 세계 대전을 막을 수 있었던 기회는 몇 번이나 있었다. 그러나 이 모든 기회를 날려버린 것이 바로 '기차'였다.

사라예보 사건이 터졌을 때 독일과 프랑스, 러시아 등의 외교 채널은 서로를 향해 최후통첩과 최후통첩 직전의 막후 협상을 위한 카드를 제시했다. 전쟁 전 최후의 협상인 것이다. 이때 초미의 관심사는 '동원령'이었다. 아무리 강대국이라 할

지라도 상비군을 100만 명 단위로 보유할 수는 없고, 설사 보유하고 있더라도 이를 전선이 있는 곳까지 투입하는 데에는 많은 시간이 든다. 그러나 기차가 등장하면서 인간의 이동 속도는 획기적으로 빨라졌다.

이전까지만 하더라도 최후통첩성 발언을 하고 동원령을 선포한다 하더라도 최소 3~4일의 시간을 벌 수 있었다. 병력이 모이기 위해서는 최소한의 시간이 필요했고, 이를 다시 전선에 투입하는 데에는 또 그만큼의 시간이 필요했다. 병력 이동이 쉬워 보이지만, 과거나 현재나 군대에서 가장 골치 아픈 것이 부대의 이동이다. '사막의 폭풍' 작전으로 유명한 제1차 걸프전에서 미군의 주력군이었던 7군단과 18군단은 공격개시선까지 이동하기 위해 각각 250킬로미터와 400킬로미터를 움직여야 했는데, 이 이동 중에 사고로 죽은 인원이 걸프전 기간 내내 항공 작전에 의해 죽은 인원보다 더 많았다. 이는 교전에 의한 것이 아니라 순수하게 '사고'에 의한 결과이다.

기차가 본격적인 이동 수단으로 사용되기 전에는 각국에서 전쟁을 선포하고 서로 '간'을 볼 때 막후에서 협상을 하거나 서로의 카드를 맞춰볼 시간이 있었다(동원령을 선포하고 나서도 최소 3~4일의 여유가 있었다). 그러나 기차가 등장한 이후로는

"저것들 시간 질질 끄는 사이에 병력을 동원해서 쳐들어오는 거 아니야?" 하는 의심을 하게 되었다. 그래서 저마다 상대방에게 "24시간 안에 동원령을 철회하지 않으면 전쟁 선포로 간주하겠다!"라며 협박을 하게 된 것이다(제1차 세계 대전 당시 독일의 슐리펜Schlieffen 계획도 새로운 교통수단인 기차를 활용한 기동전이었다). 전신과 기차의 등장, 그리고 항공기의 출현은 전쟁의 속도를 빠르게 만들었고, 전쟁을 더욱 빈번하게 만들었다.

1888년 프랑스가 제공한 차관으로 건설된 시베리아 횡단철도는 단일 노선으로는 세계 최장 거리(9334킬로미터) 노선이다. 20세기 초반 시베리아 횡단철도의 전략적 가치는 세계 패권 구도를 뒤흔들 만큼 거대한 것이었다. 이전까지는 유럽의 패권 국가들이 아시아로 진출하기 위해서는 배를 이용하는 수밖에 없었다. 그러나 바다에는 세계 최강의 해군력을 자랑하는 영국 해군이 버티고 있었다. 즉, 아시아로 진출하기 위해서는 영국의 허락을 받든가 영국과 한판 붙어야만 하는 상황이었다. 그런데 시베리아 횡단철도가 뚫린 다음에는 이야기가 달라졌다.

영국과 세계 패권을 두고 다투던 러시아가 바다를 거치지 않고 아시아로 진출할 수 있게 된 것이다. 이는 영국 중심의

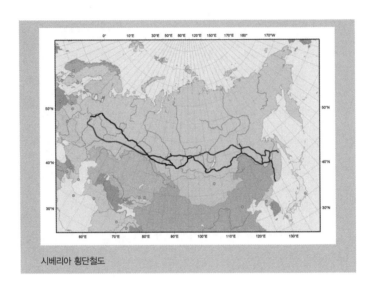

시베리아 횡단철도

패권 구도에 커다란 균열을 일으킨 일대 사건이었다. 100년 가까이 이어왔던 그레이트 게임이 근본에서부터 흔들리는 상황이었다. 한편 러시아의 남하 정책은 탄력을 받았다.

삼국 간섭과 일본의 분노

1895년 4월 17일 일본은 시모노세키 조약으로 랴오둥 반도를 얻었다. 이제 본격적으로 대륙에 진출할 수 있는 교두보를 확보하게 된 것이다. 그러나 새옹지마라고 해야 할까? 조약 비준 3일 후 도쿄 주재 러시아, 독일. 프랑스 공사는 일본 외무성을 방문하여 일본의 외무차관 하야시 다다스林董를 만나 "랴오둥 반도를 일본이 소유하는 것은 청나라의 수도에 대한 항구적인 위협일 뿐만 아니라 조선의 독립을 유명무실하게 만드는 것"이라는 뜻을 전했다. 일본 외무성으로서는 당황할 수밖에 없었다. 아니, 일본 전체가 당황했다.

이야기를 10여 일 전으로 되돌려보자. 청일전쟁 직후 러시아는 부산하게 움직였다. 당장 자신들의 이익이 걸려 있기 때문이었다.

"러시아는 북중국의 현상을 이전의 상황으로 회복시키는 데 노력한다. 일본에게 남만주를 병합할 의도를 단념하도록 제의한다. 일본이 단념하지 않을 경우 러시아는 자국의 이해에 따라 자유롭게 행동할 것이라는 점을 주지시킨다."

− 1895년 4월 11일 러시아 각료회의

당시 러시아는 만약 일본이 한반도와 남만주 지역을 차지할 경우 청나라와 연합해 러시아에 대항할 수 있다는 가능성에

당시 한반도의 처지를 풍자한 만평

주목했다. 화근은 미리 제거해야 한다.

　러시아는 발 빠르게 프랑스와 독일을 섭외했다. 러시아 하나도 벅찬데 세 나라가 합심해서 압박한다면? 일본은 꼬리를 말 수밖에 없다. 일본은 5월 5일 랴오둥 반도를 반환하고 3000만 냥의 추가 배상금을 받는 선에서 사태를 수습했고, 다음 날 랴오둥 반도를 반환했다는 회답서를 일본 주재 공사 3명에게 전달했다.

　일본 국민의 분노는 하늘을 찔렀다. 전쟁에서 이기고 외교에서 졌다며 분노했다. 아니, 이미 분노의 수준을 넘어섰다.

이 삼국 간섭은 20세기 일본과 한국의 운명을 뒤바꿔놓은 결정적인 사건이 되었다. 삼국 간섭은 당대의 많은 일본 지식인과 정치인, 군인에게 엄청난 영향을 끼쳤다(1997년 IMF 사태에 직면한 한국 국민들의 심정과 같을 것이다). 일본 국민들은 통합되었고, 강해져야 한다는 단 하나의 목표에 매진하게 되었다. 여기에는 상실감과 모멸감이 크게 작용했다.

메이지 유신 이후 탈아입구脫亞入欧를 주창하며 서양인이 되기 위해 애썼는데, 서양인이 자신들을 거부한 것이다. 그리고 그 주범이 그때까지 일본에게 '공포'를 안겨줬던 러시아라는 사실이 일본인늘을 더욱 두렵게 했다. 모멸감 또한 직용했다. 바로 황화론黃禍論이다. 황인종이 서구 백인 사회를 위협하는 시대가 올 것이라고 빌헬름 2세는 경고했다(중국을 염두에 둔 것이었지만 결국 중국을 나눠먹기 위한 말이었다). 일본은 서구 사회에서 배척받을 수밖에 없다는 자괴감을 느꼈다.

제2차 세계 대전 직전까지 일본의 정재계와 군부를 움직였던 일본의 파워 엘리트들 거의 대부분이 이 삼국 간섭이 자신의 인생에 많은 영향을 끼쳤다고 술회했다. 삼국 간섭은 세대를 넘어서 한 국가가 하나의 감정으로 하나의 목표를 가지게 된 시발점이 되었다. 일본은 부국강병만이 이런 치욕과 러시아에 대한 트라우마를 극복할 수 있는 유일한 방법임을 깨달았다. 이때부터 일본은 러시아를 가상 적국으로 삼고 러시아와의 전쟁을 준비했다.

이후 일본은 국가 예산의 24퍼센트를 군사비에 투입하며 병영 국가의 길을 걷게 된다. 청일전쟁 당시 일본은 평시 5만, 전시 동원 20만 수준의 군대를 유지했으나 삼국 간섭 직후인 1896년에는 러시아와의 전쟁을 대비해 평시 15만, 전시 60만으로 병력을 증강했다. 일본은 시베리아 횡단철도 완공 시 블라디보스토크에 집결 가능한 러시아의 최대 병력을 20만으로 산정했고, 그에 맞춰 병력 증강을 결정했다.

육군뿐 아니라 해군도 러시아와의 전쟁에 대비했다. 청일전쟁 당시에는 4000톤급 전함도 없었던 일본이지만 10년 동안 2억 엔을 투자하여 1만 5000톤급 전함을 확보하기 시작했다. 러시아 발트 함대를 상대하기 위한 전력 확충이었다. 이때 요긴하게 사용한 것이 청일전쟁의 전쟁배상금이었다. 2억 냥의 배상금은 3억 2000만 엔이나 되는 거액이었는데, 당시 일본 정부의 1년 세출이 8000만 엔이었으니 자그마치 4년치 예산에 맞먹는 금액이었다. 이 배상금을 가지고 일본은 러일전쟁을 준비한 것이다. 이때 건조된 미카사, 시키시마, 아사히 등

전함 미카사

의 전함은 쓰시마 해전 때 맹활약하게 된다.

문제는 이 삼국 간섭의 불똥이 조선에까지 떨어졌다는 것이다. 삼국 간섭을 통해 러시아의 힘을 확인한 명성황후와 고종은 러시아를 끌어들여 일본을 견제하려 했다. 이때 일본은 눈에 보이는 게 없던 시절이었다. 러시아에게 당한 굴욕도 분한데, 조선이 러시아에 착 달라붙는 모습이 어떻게 보였을까? 결국 일본은 을미사변을 일으켜 명성황후를 제거했다. 문명국으로서는 도저히 이해할 수 없는 만행이었지만, 당시 일본은 삼국 간섭으로 인한 분노로 눈이 먼 채 상실감과 모멸감에 떨고 있었다.

물론 삼국 간섭이 부정적인 영향만 끼친 것은 아니다. 삼국 간섭 이후 '국제 사회에서 외교의 룰'을 완벽하게 이해한 일본의 외교는 몰라보게 세련돼졌다. 대표적인 예가 한일 병합이다. 열강의 각축장에서 자신의 이익을 추구하려면 사전에 양해와 동의를 얻어야 함을 확인한 일본은 한일 병합 때 영국, 미국, 러시아 등 이해 당사국들에게 양해를 얻은 후 아주 '세련되게' 조선을 삼켰다.

군비 확장의 명분과 총력전을 위한 국민의 공통된 '기억'과 '감정'도 확보할 수 있었다. 무엇보다도 국가의 뚜렷한 목표가 생겼다는 점이 가장 큰 성과일 것이다. 그리고 뜻하지 않은 '힘 센 친구'들도 얻게 되었다.

그레이트 게임의 피날레

—

1902년 1월 30일 영국과 일본은 영일 동맹을 맺었다. 이후 20여 년간 이어지는 영국과 일본의 밀월 관계가 시작된 것이다. 당시 영국에는 시베리아 횡단철도를 통해 동아시아의 패권과

손잡은 영국과 일본

부동항을 향해 나아가는 러시아를 견제해야 한다는 절박함이
있었다. 아직 그레이트 게임이 끝나지 않은 상황이었다. 일본
은 더 말할 것이 없다. 절치부심 러시아와의 일전을 준비하는
마당에 영국이란 든든한 파트너는 천군만마를 얻은 것과 다
름없었다.

영일 동맹의 최전성기 시절 일본은 영국 빅커스Vickers사에
'공고'급 전함을 의뢰했다. 공고급은 영국이 설계 제작했던 작
품이다. 1번함인 공고는 영국에서 만들어졌지만 이후 자매함
들의 설계도는 물론 제작 기술까지 모두 일본으로 넘어갔다.

오늘날로 치자면 핵무기와 그 기술을 넘긴 것이다.

영국은 일본이 러시아의 남하를 막아주길 기대했고, 실제로 일본은 러시아의 남하를 막아냈다. 그런데 조금만 생각해보면 러일전쟁의 진정한 승자는 영국이란 점을 알 수 있다. 일본은 엄청난 사상자와 전비 부담을 떠안아야 했지만, 영국은 손도 안 대고 코 푼 격으로 러시아를 막아냈다. 일본은 영국이 판을 벌린 그레이트 게임에서 하나의 '말'일 뿐이었다.

만약 영일 동맹 그리고 미국의 지원이 없었다면 러일전쟁은 일어나지 않았을 것이다. 설사 일어났다 하더라도 일본이 이길 수 있는 전쟁이 아니었다. 영일 동맹과 러시아의 혁명 분위기가 겹치는 엄청난 '운'이 전쟁의 승리 요인이었다.

03

러시아와 일본
한반도에서 만나다

1896년 명성황후 시해 사건과 뒤이은 고종의 아관파천 이후 러시아와 일본은 서로 간의 카드를 맞춰보기 시작했다. 일본은 명성황후를 시해한 후 한반도에서의 영향력이 급격하게 축소됐다. 그러나 아무리 영향력이 줄었다 하더라도 '일본'이었다. 일본은 조선을 차지하고 싶었고, 러시아도 조선에서 자신의 영향력이 줄어드는 것을 원치 않았다. 갈등의 조짐이 보이기 시작했다.

하지만 러시아와 일본은 문명국이었다. 자신의 욕망을 말하더라도 세련되게 포장할 줄 알았고, 서로 간의 카드를 맞춰서 최대한 상대방의 신경을 덜 긁으며 자신의 욕망을 채우는 노력을 할 줄 아는 국가들이었다. 물론 야만적 행동을 한 것은 일본이었다. 그러나 잠시 잠깐의 욕정(?)을 분출하고 나서는 곧

제정신을 차렸다. 그렇게 해서 나온 것이 1896년부터 1898년 사이 러시아와 일본이 세 차례에 걸쳐 나눈 '합의'였다.

먼저 을미사변 직후 체결된 베베르-고무라 의정서를 살펴보자.

1. 왕(고종)의 환궁 문제는 전적으로 그의 재량에 맡기되 러일 양국 대표는 그의 안전에 대한 모든 의혹이 소멸되는 대로 왕에게 환궁을 권고한다. 이 경우에 일본 대표는 일본인 장사 단속에 가장 완벽하고도 효과적인 조치를 취할 것을 보증한다.

2. 현 내각의 각료들은 왕 자신의 자유의지와 선정에 의해 임명되었고, 그들 대부분은 지난 2년 동안 각료나 기타 고위직에 재직한 바 있는 관대하고도 온건한 인물로 알려져 있다. 양국 대표는 왕이 관대하고도 온건한 인물을 각료로 임명하고 그의 신민에게 후의를 보이도록 권고한다.

3. 러시아 대표는 일본 대표와 다음의 사실에 합의한다. 한국(대한제국)의 현 상황은 부산과 일본 사이의 전신선 보호를 위해 일본 수비병의 주둔을 필요로 할 수 있다. 3개 중대의 군인들로 구성된 이 수비병은 가능한 한 조속히 철수하고

대신 헌병으로 대체하되 대구에 50명, 가흥에 50명, 부산과 서울 사이의 10개의 중간 지점에 각 10명씩 배치한다. 이 배치는 바뀔 수 있지만 헌병의 총수는 절대 200명을 초과할 수 없다. 그리고 이들 헌병도 한국 정부에 의해 안녕과 질서가 회복되는 지역으로부터 점차 철수할 것이다.

4. 예상되는 한국 민중의 공격에 대항하여 서울 및 각 개항장의 일본인 거류지 보호를 위해 서울에 2개 중대, 부산과 원산에 각 1개 중대의 일본군을 주둔시키되 1개 중대 인원은 200명을 초과할 수 없다. 이 군대는 거류지 근처에서 숙영하고, 상기한 공격의 위험이 소멸되는 대로 철수해야 한다. 러시아 공사관 및 영사관 보호를 위해 러시아 정부도 상기 각지의 일본군 병력을 초과하지 않는 수의 수비병을 보지保持할 수 있다. 그러나 그들도 내륙의 평온이 완전히 회복되는 대로 철수할 것이다.

명성황후 시해와 뒤이은 아관파천에 일본은 당혹스러운 표정을 살짝 짓고는 어쨌든 한반도에서 그 영향력을 유지하려고 애썼다. 여기서 중요한 점은 최소한의 헌병을 조선에 남겨둔다는 대목이다. 이는 이후에 있을 야마가타-로바노프 협정, 니시-로젠 협정의 교두보가 되었다.

1896년 한 해 동안 러시아, 일본, 중국(청)은 저마다의 계산을 가지고 치열한 두뇌 싸움을 벌였다. 이미 1896년 6월 3일 러시아와 청나라는 '러청 비밀동맹'을 체결했는데, 핵심은 '한국의 영토 보전 원칙'이었다. 그 반대급부로 러시아는 랴오둥 반도의 뤼순旅順과 다롄大連을 확보할 수 있게 됐다(철도 이권 따위는 부차적인 문제였다). 러시아가 뤼순과 다롄을 확보하는 순간 일본은 한반도는 물론 만주로의 진출도 원천적으로 차단되게 되었다. 한편 러시아는 시베리아 횡단철도와 연결되는 완벽한 부동항을 확보하게 되었을 뿐만 아니라 아시아 진출의 핵심 교두보를 얻게 된 것이다.

이런 와중에 야마가타는 일본의 속내를 슬쩍 내비쳤다. "대동강과 원산을 잇는 북위 39도선을 경계로 러시아와 일본이 한반도를 분할 점취합시다." 임진왜란 당시 일본이 내놓은 '할지론'이 근 300년 만에 다시 기어 나오는 순간이었다. 언제나 일본은 한반도를 다 먹을 수 없다는 판단이 들면 나눠 갖자는 제안을 해왔다. 이에 대한 러시아의 반응은 단호했다. "절대 불가."

러청 비밀동맹의 문제도 있었지만(언제부터 국제 사회에서 신의를 따졌던가?) 더 중요한 것은 러시아의 이익이었다. "만약 한반도 남쪽에 일본군이 주둔한다면 육군의 진출이 차단될 수도 있다. 결정적으로 황해에서 러시아 함대의 활동이 크게 제약받을 수 있다." 어렵게 얻은 뤼순과 다롄을 제대로 활용하기 위해서는 한반도가 러시아 손에 있어야 했던 것이다. 야마가타-로바노프 협정까지 러시아와 일본의 행보는 서로에 대한 '간 보기'와 뜬구름 잡는 이야기의 연속이었다. 둘 다 한반도와 만주를 떼놓고 생각할 수 없다는 입장이었고 "all or nothing"이라는 생각으로 한반도와 만주를 바라보고 있었다.

한반도를 둘러싼 일본과 러시아의 힘겨루기

이때 일본에서는 잠깐 '만한滿韓 교환론'이란 것이 튀어나왔다. "러시아는 만주를 먹고, 일본은 한반도를 먹는다. 서로의 영역을 인정하고, 사이좋게 살아보자"는 것이 만한 교환론의 핵심이었다. 그러나 이는 어불성설이었다. 한반도를 쥐고 있다면 만주로 진출하는 발판을 확보하는 것이고, 만주를 쥐고 있다는 것은 한반도로 내려올 수 있는 교두보를 가지고 있다는 뜻이다. 설사 둘 다 올라가거나 내려올 생각이 없다 하더라도 자신의 턱 밑에 칼이 들어온 상황을 두 눈 뜨고 바라보고만 있을 수는 없는 일이다. 즉, 둘 다 먹든가, 둘 다 못 먹든가다. '하나만 먹겠다'란 소리는 헛소리였다.

간을 보던 시간들
—

서로 눈치만 보며 카드를 맞춰보던(맞춰보는 시늉만 한 것이지만) 1901년 러시아는 "한반도를 중립화하자"는 생뚱맞은 제안을 들고 나왔다. 즉, 한반도를 중립화해 러시아도 일본도 먹지 않는 것으로 하자는 말이다. 일본 입장에서는 황당한 소리였다. 당시 주청 공사였던 고무라 주타로小村壽太郎는 어불성설이라며

이 제안을 일축했다. "만주 문제와 관련하지 않고서는 한국 문제를 만족스럽게 해결할 수 없으며, 러시아가 만주를 중립화하지 않는 한 어떠한 경우에도 일본은 러시아의 제안을 받아들여서는 안 된다."

한반도와 만주는 '1+1 세트 메뉴'였다. 둘 중 하나를 먹는 자가 나머지 하나도 먹는 것이었다. 이런 상황에서 이미 만주를 먹은 러시아가 한반도를 중립화하자는 말은 만주를 다 먹은 뒤에 한반도는 천천히 먹겠다는 소리일 뿐이었다. 고무라는 한반도와 만주를 하나의 테이블 위에 놓고 이야기를 시작했고, 일본은 이 고무라의 논리를 '만한 일체론'이라고 불렀다. 이전의 만한 교환론까지만 하더라도 "우리는 그저 소박하게 한반도만 먹으면 돼"라며 약한 모습을 보였지만 만한 일체론에 이르러서는 "야! 너희만 입이고 우린 주둥이냐? 우리도 대륙 먹고 싶어!"라며 강한 모습을 보인 것이다. 고무라 주장의 핵심은 곧 "우리가 못 먹으면 너네도 못 먹어!"였다.

이에 대한 러시아의 반응은 간단했다. "개소리." 한반도 문제는 러시아와 일본이 당사국이지만(그럼 조선은 당사국이 아니었나?) 만주는 러시아와 청나라와의 문제였다. 여기에 일본이 끼어든다는 것 자체가 '개소리'라는 말이다(맞는 말이다. 일본이 왜 청나라 영토 문제에 끼어든다는 거지?).

상황이 이렇게 돌아가자 테이블 아래에 있는 서로의 카드가 뭔지 완벽하게 확인할 수 있게 되었다. 러시아는 "만주는 우리가 100퍼센트 먹는다. 그리고 한반도는 일정 수준의 영향력… 그래, 한 반만 먹자. 좋아! 그 이상은 안 돼!"였고, 일본은 "한반도는 100퍼센트 우리가 먹는다. 그리고 만주는… 그래, 우리가 좀 손해 보지만, 좋은 게 좋은 거라고 우리 몫 조금만 떼어주면 인정해줄게"였다. 서로의 욕망이 부딪히고 있었다. 각자 자기 것은 끝까지 부여잡고 남의 것을 먹겠다는 소리였다.

서로의 의견이 팽팽하게 맞서는 상황에서 일본은 약간의 양보 방침을 1903년 6월 23일 어전회의에서 결정했고, 이를 바탕으로 러시아는 그해 7월 획기적인 제안을 하나 내놓았다. "한반도 남부에서의 너희들의 '특수 이익'을 인정하는 대신에 39도선 이북을 중립지대화하자. 더 이상은 양보 못 해!" 39도선 이남만 먹고 떨어지라는 소리였다. 야마가타가 내놓은 39도선 분할 점령안에서 진일보한 제안이었지만 일본은 이를 거절했다. "러시아가 만주를 통째로 먹으려 한다"는 이유에서였다.

이 시기는 만주에 대한 일본의 욕망이 절정에 달했던 때였다. 한반도는 대륙 진출을 위한 교두보인데, 대륙에 진출할 수 없는 한반도라면 그냥 '땅'일 뿐이었다. 게다가 위에 러시아가 죽치고 앉아 있다면, 일본이 제국으로 가는 길은 완벽하게 봉쇄된다. 결국 일본은 러시아에 최후통첩을 보낸다. "중립지대를 만들고 싶다면 조선 국경 기준으로 양쪽으로 50킬로미터의 지역이어야 한다." 러시아와 일본은 이제 돌아올 수 없는 강을 건너게 됐다.

러일전쟁의 시작점에서

"일본이 러시아를 이긴 결과, 아시아 민족은 독립에 대한 큰 희망을 품기에 이른 것입니다."   — 러일전쟁에 대한 쑨원의 평가

시바 료타로司馬 遼太郎의 《언덕 위의 구름》이라는 역사소설이 있다. 얼마 전 NHK에서 드라마로 만들어 방영했는데, 드라마 오프닝 때마다 전쟁 국가 일본이 마지막으로 활기차게 사회를 돌렸고 희망을 품고 전쟁에 뛰어든 시기였다며 자평하는 것이 인상적이었다. 일본인 스스로도 기적 같은 승리였다

한반도 남쪽에 한 발을 디디고 있는 일본과 이를 지그시 내려다보고 있는 러시아

고 자평하지만 사실은 기적 같은 승리가 아니라 '기적' 그 자체였다.

언뜻 이해가 안 가겠지만 러일전쟁은 무모함의 극치였다. 예산 규모만 해도 러시아는 일본의 10배가 넘었다. 일반적으로 국력의 차이는 곧 군사력의 차이다. 러일전쟁을 바라보는 세상의 모든 눈들은 러시아의 승리를 점쳤다. "일본이 도저히 이길 수 없는 전쟁에 뛰어들었다." 이는 틀린 예상이 아니었다. 만약 러시아의 국내 사정이 없었더라면, 그리고 영국의 지원이 없었더라면 일본은 패배했을 것이다.

아니, 이겼어도 진 전쟁이었다. 일본 1년치 예산의 8배를

일본의 등을 밀어주는 영국과 이를 지켜보고 있는 미국

전비戰費로 써야 했고(이는 청일전쟁 전비의 약 8.5배에 달했다), 전사자는 5만 명 가까이 됐으며(질병사 제외. 당시 질병으로 사망한 일본군은 2만 7000여 명에 달했다), 1년여의 전쟁 기간 동안 일본 국민의 삶은 극도로 피폐해졌다. 당시 전쟁 때문에 생활이 어려워 부인이 도망간 와중에 징병 통지를 받은 젊은 아버지들이 어린 자식과 부모를 생매장하고 입대하는 일이 벌어질 정도였다. 러일전쟁 이후 런던 군축 회담까지 일본 국민은 군함을 건조하기 위해 딸을 팔고, 자식을 버려야 하는 상황에까지 내몰렸다. 러일전쟁 이후 '제국 열강 클럽'에 가입한 일본은 이후 제국으로서의 지위를 유지하기 위해 군비 투자에 열을 올렸고, 일본 국민의 삶은 제2차 세계 대전 때까지 막장으로 치달았다. 러일전쟁은 일본 국민에게 지옥을 안겨줬다.

아이러니하게도 당시 일본은 '자위를 위해' 러일전쟁을 시작했다고 말했다. 어떤 의미의 자위인지는 지금도 이해하기 어렵지만, 스스로를 지키기 위해 일본은 너무 많은 것을 잃어야 했고(물론 정치적·선언적 의미에서 충분한 성과를 거뒀지만) 이후에 더 많은 것을 잃어야 했다.

재미난 사실은 러일전쟁의 가장 큰 피해자라 할 수 있는 조선이 일본 편을 들었다는 점이다. 당시 조선의 지식인들과 민중은 일본의 승리를 위해 적극 협력한 경우가 많았다. 일본이 승리해야지만 조선의 독립이 유지된다고 믿었기 때문이었다. 당시 조선인들이 일본의 승리를 빌었던 이유는 크게 두 가지였다.

첫째, 러일전쟁은 한반도 문제가 아니라 만주 문제라는 시각이었다. 러일전쟁을 청일전쟁과 유사한 사태로 바라봤던 것이다. 청일전쟁이 끝나고 나서도 조선의 독립은 유지됐던 전례로 봤을 때 이번에도 그럴 것이라는 막연한 착각이었다. 한반도와 만주가 '1+1 세트 메뉴'라는 사실을 미처 이해하지 못했던 것이다. 이렇게 국제 정세에 둔감한 모습은 이후 일본의 침략 야욕에 무방비하게 당하는 당연한 결과로 이어졌다.

둘째는 인종주의적 판단이었다. 앞서 인용한 쑨원처럼 당시 아시아권의 많은 정치 지도자는 러일전쟁을 인종주의적 시각으로 바라봤다(이는 서양인들도 마찬가지였다). "유색 인종에게 자신감을 주고, 반대로 백인종에게는 시기심을 불러일으켰기 때문에 러일전쟁은 세계 미증유의 인종적 대전란의 예고가 될지 모른다." 메이지 시대의 소설가인 도쿠토미 로카德富蘆花의 말이다. 이 말처럼 러일전쟁은 당대의 시선으로는 '인종주의 전쟁'의 성격을 띠었다.

20세기 초 전 세계의 90퍼센트는 백인이 통치하고 있었다. 찰스 다윈이 《종의 기원》을 쓰고 나서 진화론은 생물학적으로 수많은 논쟁을 불러일으켰지만 사회적으로는 제국주의자들의 '전가의 보도'가 되어주었다. '사회진화론'이 출현한 것이다. 적자생존이라는 이론을 사회에 적용해 열등한 유색 인종을 지배하는 것은 당연하다는 논리를 내세웠다. 백인들은 인종적 우월감을 바탕으로 유색 인종을 인간과 짐승 사이에 있는 존재로 규정해버리고는 철저히 탄압하고 지배해나갔다. 이에 제동을 건 것이 바로 러일전쟁이었다.

유색 인종이 세계열강, 그것도 영국과 함께 쌍벽을 이루던 러시아와 싸워 이겼다는 점은 세계사적인 사건이었으며, 그동안 핍박받아왔던 수많은 유색 인종에게는 하나의 희망이 되어주었다. 반면 서양인들에게는 200년이 넘도록 공고하게 지켜온 유색 인종에 대한 편견을 깨버리고 그 빈자리에 '황화론'을 채워 넣는 계기가 되었다.

이런 분위기 속에서, 명성황후 시해 사건을 겪었음에도 조선 사람들은 "로스께ろすけ(러시아인을 멸시하는 말)보다는 쪽바리가 낫지"라는 판단을 하게 된 것이다. 불행의 시작이었다. 그 누구도 1년 뒤 포츠머스 조약이 체결되고 소선이 일본의 손아귀에 떨어지게 된다는 사실을 예감하지 못했다.

04

개전

러일전쟁으로 일본의 전쟁 방식은 '기습 공격 후 선전포고'로 가닥이 잡혔다. 일본은 언제나 상대방의 뒤통수를 친 뒤에 전쟁을 시작했다. 상당히 비신사적이고 국제적으로 비난받을 행동이지만 딱히 이를 제재할 수단이 없었다. 결국 이들의 못된 버릇은 제2차 세계 대전 때 확실하게 고쳐진다.

여담이지만, 지금의 군사 상식으로는 일본의 '기습 공격 후 선전포고'가 합리적인 전략이다. 현대전으로 넘어오면서 기습이 가져다주는 승수 효과는 전쟁의 판도를 뒤바꿀 정도로 중요해졌고, 초반의 일격이 전쟁 전체의 승패를 결정짓기도 한다. 역사적으로도 제1차 세계 대전 이후에는 선전포고를 하고 전쟁에 돌입하는 행동 자체가 무의미하게 돼버렸다.

협상 결렬 그리고 기습 준비

—

1904년 2월 4일 일본은 러시아와의 협상 중지를 선언했다. 그와 동시에 마산포와 원산 등에 일본군을 상륙시키고 전쟁 준비에 돌입했다. 당시 러시아 황제 니콜라이 2세는 "일본이 아무리 무지몽매하더라도 선전포고 없이 개전하지는 않을 것이다"라고 굳게 믿고 있었다. 당시 러시아 제국의 장관들도 비슷한 생각이었다. "일본이 생각이란 걸 한다면 감히 러시아에 전쟁을 선포하지는 못할 것이다."

러시아 황제나 장관들의 판단이 안일했다고만 할 수는 없다. 당시 러시아와 일본을 둘러싼 국제 정세를 봤을 때 일본이 먼저 전쟁을 시작할 거라고 예상한 나라는 하나도 없었다. 영토, 국민, 생산력, 공업화, 철도 노선 길이(당시에는 철도 노선의 길이가 곧 국력을 의미했다), 병력, 해군력, 경제력 등등 어느 하나에서도 일본은 러시아를 압도하기는커녕 비슷한 수준에 이르지도 못했다. 그럼에도 일본은 기습 공격을 감행했다.

러시아 입장에서는 일본과의 전쟁이 나쁘지만은 않았다. 오히려 정치적 호기로 볼 수도 있었다. 사회 전반에 흐르는 불온한 분위기를 잠재우기 위해 외부의 전쟁을 '빌려' 오는 것도 나쁘지 않다는 판단이었다. 언제나 그렇지만 내부의 동요를 잠재우는 데 전쟁만 한 것이 없기 때문이다. 니콜라이 2세로서도 나쁘지 않은 선택이었다. '누가 봐도 상대가 되지 않는 일본을 상대로 가볍게 전쟁을 치르고, 그사이 사회를 안정시킨다.' 덤으로 얻게 될 '승리'는 자신의 지도력을 증명해 줄 선물이 될 것이란 계산. 러시아로서는 울고 싶은데 뺨 때려준 격이라고 해야 할까?

러시아는 이처럼 전쟁을 가볍게 생각했지만 일본은 국운을 걸고 도박판을 벌인 상황이었다. 일본은 모든 것을 걸고, 모든 것을 잃을 각오를 해야 했다. 일본의 첫 수는 함대였다. 당시 일본의 핵심 목표는 뤼순항에 있는 러시아 제국의 극동 함대였다. 마침 러시아의 블라디보스토크가 결빙기였기 때문에 대부분의 극동 함대가 뤼순항에 정박해 있던 상황이라 일본 해군은 뤼순항 봉쇄에 성공했다.

좀 더 자세히 얘기하자면, 1904년 2월 4일 수십 척의 극동 함대가 뤼순항을 떠났다는 정보를 받자마자 연합 함대 사령관이었던 도고 헤이하치로東鄕平八郞 제독이 사세보에서 제물포와 뤼순항을 목표로 함대를 발진시켰다. 그리고 2월 8일 뤼순항 앞바다에서 '뤼순항 해전'을 치르며, 러시아 함대를 뤼순항

안으로 밀어 넣었다. 극동 함대와 수차례의 격전을 치렀지만 결국 뤼순항의 해안 포대 때문에 결정적인 타격은 입히지 못하고 뤼순항 봉쇄선에서 만족해야 했다.

이렇게 시선을 뤼순항으로 돌려놓은 상태에서 약 3000명의 일본군이 제물포에 상륙했다. 이때 제물포항에는 수많은 열강의 군함이 정박해 있었는데, 이들은 '순진하게도' 일본 해군에게 항의했다. 하지만 돌아온 건 일본 해군의 협박이었다. "전투 중 피탄을 당해도 책임지지 않는다!" 아예 막 나가기로 작정한 것이었다. 일본 해군은 곧바로 러시아 해군의 바략 호와 카레이츠 호를 공격했고, 14대 2의 전력 차를 극복하지 못하고 두 전함은 침몰했다.

뒤이어 인천항에 5만 명의 일본 육군이 상륙했다. 전격적인 상륙이었다. 1904년 2월 12일 러시아 제국 공사가 철수하고, 러시아와 조선은 국교 단절 상태가 되었다. 이 틈을 파고들어 일본은 조선과 '한일의정서'를 체결했다. 조선은 러일전쟁이 발발하기 전인 1904년 1월 23일에 "조선은 러시아와 일본 사이에서 중립을 지키겠다"고 선언했지만 완전히 일본의 '따까리'가 된 상태라 별 소용이 없었다. 1904년 5월에는 '대한시설강령'에 의해 일본의 후방 기지가 되었다.

1904년 5월 1일 일본은 압록강으로 진격해 러시아 육군과 첫 교전을 치렀다. 압록강 전투는 싱거웠다. 러시아는 선선히 뒤로 물러났고, 일본군은 별 저항 없이 압록강을 건널 수 있었다. 당시 러시아의 전략은 간단했다. "최대한 시간을 끌어라." 시베리아 횡단철도를 타고 도착할 후속 병력을 기다리기 위해 시간을 벌어야 했던 것이다.

단순하기로는 일본의 전략도 만만치 않았다. "무슨 수를 써서라도 뤼순항을 함락하라!" 뤼순항이야말로 러일전쟁의 핵심 목표였고, 전쟁의 성패를 가르는 전략적 요충지였다. 극동 함대를 격파해야 승기를 잡을 수 있고, 혹시 모를 발트 함대의 진출에 대비해 기항지를 없애버려야 이후의 전쟁 국면을 유리하게 끌고 갈 수 있기 때문이었다. 러일전쟁은 '발트 함대가 도착할 때까지 버티려는 힘'과 '발트 함대가 도착하기 전에 끝내려는 힘'의 충돌이었다고 봐도 무방할 것이다. 당시 일본군의 병력은 20만 수준이었지만, 러시아군은 그 몇 배를 끌어올 수 있는 상황이었기에 일본은 전쟁을 빨리 끝내야 했다.

《언덕 위의 구름》을 보면 뤼순항을 차지하기 위한 일본 해군과 육군의 노력이 곳곳에 잘 나타나 있다. 당시 일본 해군은 뤼순항에 들어가 나오지 않는 러시아 해군을 압박하기 위

뤼순항에 정박 중인 러시아 함대

해 아예 항구를 봉쇄해버리는 작전도 펼쳤다. 이른바 뤼순항 폐색 작전旅順港閉塞作戰이다. 시멘트를 채운 배를 뤼순항 입구에 자침시키는 작전이었는데, 1904년 2월 8일부터 9일까지 실행했지만 뚜렷한 성과는 없었다. 한마디로 실패한 작전이었다. 이후 소소한 포격전이나 기뢰로 서로 피해를 입히는 선에 머물며 해전은 교착 상태로 빠져들었다. 러시아군이 뤼순항에 정박해 있는 상태에서 일본 해군으로서는 달리 뾰족한 수가 없었다.

러시아 해군도 마찬가지였다. 전함이 항구 내에 머물러 있는 동안에는 잘해봐야 '포대'의 역할밖에 할 수 없다. 전함은 항구를 나서 바다에 있어야만 그 전략적 가치가 빛을 발할 수 있다. 이렇게 항구에 묶여 있다가는 그 힘을 제대로 발휘하지도 못하고, 행여 뤼순이 함락된다면 그대로 앉아서 당할 수밖에 없었다. 결국 러시아 함대도 뤼순항을 돌파하기 위해 몇 차례 시도해봤지만 그때마다 일본 해군의 포격에 밀려나야 했다.

러시아나 일본 해군 모두 난감한 상황이었지만 그나마 여유가 있었던 건 러시아였다. 일본에게는 시간이 없었다. 이런 상황에서 일본 해군이 기대할 것이라곤 일본 육군뿐이었다. 육군이 뤼순 요새를 치고 들어가 그 위에서 항만에 있는 러시아 해군을 포격하는 것이다. 정확한 관측 정보만 줘도 일본 해군이 포격할 수 있고, 육군 포격에 밀려나 러시아 함대가 뤼순항을 빠져나올 수도 있기 때문에 육군의 진격과 뤼순항의 함락이 무엇보다도 중요한 상황이었다.

일본이 간과한 점

___

뤼순 외곽에 있던 진저우성金州城과 난산南山을 함락시킨 일본

제2군. 그러나 이 단 한 번의 전투에서 일본군은 3000명의 사상자를 냈다. 당시 일본 대본영大本營은 제2군의 보고를 받고는 믿기지 않았다. "압록강 도하 작전에서도 사상자가 1000명 미만이었는데, 3000이라니 0을 하나 잘못 붙인 게 아닌가?"

 5월 1일 손쉽게 압록강을 건넜을 때만 해도 일본군은 러시아를 손쉽게 제압할 수 있을 것이라 생각했지만 진저우성에 다다랐을 때에는 지옥을 마주해야 했다. 러시아 야전 축성의 달인 로만 콘드라첸코 소장과 마주하게 된 것이다. 급작스럽게 만든 요새였지만, 콘드라첸코 소장은 맥심 기관총을 촘촘히 배치하고 후방에서 날아오는 숭포의 지원 사격으로 돌격하는 일본군을 육편肉片으로 만들어버렸다.

로만 콘드라첸코

당시 일본 제4보병 사단장인 오가와 마다쓰구 장군의 기지가 없었다면 진저우성을 함락하는 데 더 많은 병력이 소모됐을 것이다. 당시 오가와 장군은 집중 포격으로 러시아군 진지를 갈아엎은 뒤 보병을 육탄 돌격시켜 간신히 난산 요새의 좌익을 함락할 수 있었다. 어렵사리 요새를 함락하긴 했지만, 한 번의 전투로 3000명의 사상자가 발생했다는 건 일본군으로서는 커다란 충격이었다.

이 '20세기 최초의 대전투'는 일본군에게 충격과 공포를 안겨줬다. 철조망, 기관총, 중포로 방어하는 진지 앞에서 '앞으로 돌격'이 어떤 결과를 안겨주는지 일본군은 몸소 체험했다. 그리고 어마어마한 물량전 앞에서 일본의 국력으로는 그만한 물량전을 견뎌낼 수 없음을 깨달았다. 근대화의 힘이 전쟁을 어떤 식으로 변질시키는지 뼈저리게 체험한 전투였다.

당시 전투를 수치로 분석해보면 일본이 얼마나 충격을 받았을지 헤아려볼 수 있다. 제2군이 난산에서 단 하루 동안 사용한 포탄만 3만 4600발, 총탄은 220만 발이었다. 이는 청일전쟁 전 기간에 걸쳐 소비한 양과 맞먹는다. 결국 일본은 전쟁 개시 반년 만에 포탄 재고가 동이 나 영국과 독일에 긴급 주문을 해야 했다. 이 때문에 포탄이 도착하는 12월까지 대규모 작전을 수행하기 힘들었다.

물론 당시 러시아도 진저우성과 난산 전투에서 충격을 받았다. 축성의 달인 콘드라첸코 소장, 대대적으로 배치한 맥심 기관총, 중포의 지원 등등 수비하는 입장에서 전혀 밀릴 게 없는 상황이었음에도 진저우성이 너무도 쉽게 함락된 것이다. 물론 급작스럽게 요새를 구축하느라 허술한 부분도 있었겠지만, 그렇다 해도 무려 콘드라첸코 소장이 만든 진지였다. 게다가 신무기인 맥심 기관총을 빼곡하게 채워 넣었는데도 허무하게 무너졌다. 그러나 이런 아쉬움은 뒤이어 터진 '203고지 전투'에서 달랠 수 있었다.

근대의 힘은 수비자에게 절대적인 우위를 안겨다줬다. 그리고 일본은 대량 살상의 시대가 왔음을 '최초로' 깨달았다. 하지만 이는 악몽의 시작일 뿐이었다.

뤼순으로 가는 길

203고지 전투는 일본 근현대사를 다룬 수많은 작품에서 비극으로 그려진다. 가끔 일본 애니메이션을 보다 보면 203고지 전투에서의 일본군 느낌이 나는 특공대의 모습을 확인할 수 있는데, 양쪽 어깨에 흰 띠를 두른 '백거대'는 일본 근현대를 관통하는 하나의 아이콘이기도 하다.

시작은 아주 간단했다. 일본 해군은 갖은 수를 다 써도 극동 함대를 분쇄하지 못했다. 문제는 요새화된 뤼순항의 해안포였다. 항구로 접근하면 날아오는 포탄 앞에 속수무책인 상황. 아예 항구를 봉쇄해버리려고 시도했지만 이 역시 실패했다. 러시아 역시 항구에서 나오기 위해 몇 번이나 시도했지만 일본 해군의 공격에 번번이 무산되었다. 일본도 러시아도 서로 노려만 보고 있었다.

당시 진저우성을 함락한 일본 육군 제2군은 뤼순 요새를 공략할 생각이 없었다. 그들은 랴오양遼陽에 위치한 러시아 육군 주력과의 일전을 생각하고 있었다. 하지만 극동 함대를 계속 살려뒀다간 일본 본토가 위험해진다는 것은 삼척동자라도 다 아는 사실이었다.

일본은 섬나라다. 모든 수출입 물류는 바다를 통한다. 이 바다가 막히는 순간 일본은 망하는 거다. 게다가 러시아는 극동 함대와 발트 함대라는 엄청난 전력을 갖춘 해양 대국이다. 각각의 함대와 맞서 싸우는 것도 힘겨운데 만약 이 두 함대가 힘을 합친다면? 일본으로서는 상상조차 하기 싫은 상황이었다. 어쨌든 두 함대가 떨어져 있을 때 하나씩 제압해나가야 했고, 그러기 위해서는 뤼순을 함락해야 했다. 결국 함대 결전으로 극동 함대를 분쇄하는 것이 불가능하다는 판단을 내린 일본 대본영은 랴오양에서의 결전에 투입할 병력 중 일부를 차출해 뤼순항을 공략하기로 결정하고 제1, 9, 11보병사단을 뽑아 제3군으로 편성했다.

문제는 제3군 사령부의 인선이었다. 일본이 망할 때까지 잊히지 않을 그 이름, 노기 마레스케乃木希典 대장과 이지치 고스케伊地知幸介 소장. 조슈번 출신의 노기 장군은 애초에 근대전을

노기 마레스케(왼쪽)와 이지치 고스케(오른쪽)

지휘하기에는 무리가 있는 인물이었다. 이를 보완하기 위해 이지치 장군을 제3군 참모장에 임명했다. 이지치 참모장은 포병과 출신으로 일찍이 독일 참모본부에 유학한 경험이 있었기에 당시 요새 공략을 위한 최고의 인선이라는 평가를 받았다. 하지만 이 인선은 일본 역사에 몇 안 되는 최악의 군 인사가 됐다.

당시 일본 육군과 대본영은 뤼순 함락에 어느 정도 낙관적이었다. 청일전쟁 당시 단 하루 만에 뤼순항을 함락한 경험이 있었던 일본군이었기에 쉽게 생각했던 것이다. 하지만 당시 러시아는 뤼순항을 불침의 요새로 만들었다. 이제 뤼순항은 일본이 하루 만에 함락한 허접한 항구가 아니라 러시아가 요새로 뒤바꿔놓은 포트 아르투르Port Arthur로 변신해 있었다. 게다가 진저우성과 난산의 함락을 지켜본 뤼순 요새 사령관 아나톨리 스테셀 중장은 콘드라첸코 소장에게 요새를 보강하라고 명령했다. 각 포대와 보루堡壘를 콘크리트 방벽으로 둘러쳤으며, 병사들의 거주와 보호를 위해 지하 공간도 마련했고, 각 포대와 보루 사이의 원활한 연결을 위해 지하 통로까지 만들었다. 일본군의 운명은 이미 결정된 듯 보였다.

블랙 코미디

《언덕 위의 구름》의 주인공이라 할 수 있는 연합 함대 참모 아키야마 사네유키秋山真之 소좌는 뤼순 요새를 관찰하다가 203고지를 발견했다. 다른 고지들은 포대와 벙커로 도배돼 있었는데, 유독 203고지만은 허허벌판의 민둥산이었던 것이다. 아키야마 소좌는 이를 상부에 보고했고, 해군은 육군에 이 사실을 통보했다. "203고지만 점령하면 된다. 무리하게 다른 고지를 공략해 아군 피해를 가중시킬 이유가 없다."

203고지

그러나 이지치 소장은 이를 거절했다. "육군은 육군만의 작전이 있다. 군이 해군에서 요청하지 않아도 우리는 이미 저 요새를 효과적으로 공략할 작전을 세워두고 있다." 그러고는 일본 육군은 러시아군이 요새화한 북쪽의 얼룽산二龍山과 동북부의 둥지관산東鷄冠山 사이를 치고 들어갔다. 일본 육군은 판판이 깨져나가며 '삽질'을 시작했다.

당시 해군의 도고 헤이하치로 제독은 육군의 뤼순 요새 공략을 위해서는 중포가 효율적이라는 판단을 내렸고, 해군의 중포 부대를 지원하겠다고 나섰다. 이지치 소장은 또다시 거절했으나 해군이 억지로 떠넘겨 결국 해군 중포 부대는 제3군에 배속되었다.

그리고 운명의 1904년 8월 19일, 일본 제3군은 뤼순 요새에 대한 공격을 시작했다. 제1차 공세의 시작이었다. 여기서 제3군은 '개죽음'을 목도하게 되었다. 포병의 공격 준비 포격 이후 착검한 보병들이 요새로 돌격해 들어갔다. 그들은 어떤 생각으로 요새로 달려갔을까? 손쉽게 요새를 점령할 수 있다는 망상을 하고 있었을까? 그들의 운명은 순식간에 결정됐다. 얼룽산, 둥지관산, 송수산松樹山에 배치된 중포들이 일제히 불을 뿜었다. 요새 근처의 보루에 접근하기도 전에 그들은 모두 육편이 되어 공중으로 산산이 흩어졌고, 운 좋게 벙커와 보루 근처까지 간 일본군은 철조망 앞에 가로막혀 머뭇거리다 벙커와 보루 여기저기에 배치돼 있던 맥심 기관총에 사살되었다. 당시 스테셀 사령관은 벙커와 보루마다 2∼3정의 맥심 기관총을 배치했는데, 제1차 세계 대전 당시 단 2정의 기관총으로 1개 대대의 병력을 저지한 기록을 참고한다면 일본군이 얼마나 무모한 작전을 펼쳤는지 알 수 있을 것이다.

이 제1차 공세로 제3군은 그야말로 녹아버렸다. 제1사단의 경우 중대 규모로 전멸당하는 사태가 속출했고, 대대장과 중대장 등 현장 지휘관의 손실이 막대했다. 제9사단의 경우도 철조망을 절단하고 벙커와 보루까지 진출했지만, 항구 내 군함에서의 포격과 이웃한 벙커와 보루에서 날아오는 기관총탄에 의해 장교의 과반수를 잃었다. 당시 제3군에서 전투에 참가한 인원이 5만 765명이었는데 사상자 수가 무려 1만 5860명에 달했다. 진저우성 전투의 사상자 수는 애교로 보일 정도로 어마어마한 숫자였다.

제1차 공세의 실패는 낡은 전술 때문이었다. 일본은 청일전쟁 당시의 '강습탈취전법'을 그대로 반복했다. 수 시간 혹은 수일 동안 포격을 가한 다음 보병들이 기습적으로 들어가 요새를 탈취하는 전술 말이다. 애초 이지치 소장은 이미 확보한 뤼순 철도를 보급선으로 삼아 공성포를 활용해 돌파할 수 있다는 '믿음'이 있었다. 일본군 참모들의 반응도 긍정적이었다. 게다가 당시 러시아군의 포진을 파악할 수 없는 상황이었기에 일본군 전력을 집중시켜 일거에 함락하는 것이 정공법이라 믿었다. 이렇게 되니 동원할 수 있는 모든 화력과 병력을 투입해야 한다는 결론이 나온 것이었다. 포와 포탄의 보급을 담보해줄 철도 노선만 확실하다면 청일전쟁 때처럼 강습 탈취전법으로 뤼순항을 점령할 수 있다는 믿음이 있었던 것이다.

그러나 청일전쟁 시절의 요새 공략 전술로는 현대화된 요새, 벙커와 보루, 사각을 메워주는 기관총좌를 당해낼 수 없음을 일본은 피로써 배웠다. 155일간 벌어진 203고지의 혈투는 이렇게 시작되었다.

05

일본이 겪은 첫 근대전

이지치 장군의 병력 운영과 전략 전술은 상식 밖의 수준이었다. 그가 공격하는 날짜를 결정하던 방식을 예로 들어보자. 그는 같은 날(매달 26일) 같은 시각에 같은 루트로 돌격을 명령했다. 마치 알람시계를 맞춰놓은 듯한 이 행동은 당연히 일본군의 피해를 가중시켰는데, 그렇게 한 이유가 가히 충격적이다. "화약의 준비가 딱 그때 되고, 26일은 난산을 돌파한 날이라 운수가 좋고, 26은 두 홀수(13)로 쪼개지기 때문에 뤼순 요새를 쪼개버리는 날이다." 상식적으로 이해가 안 가는 주장이다. 그러나 이지치는 계속 이런 식의 병력 운영을 밀어붙였다.

애초에 벙커와 보루로 무장한 지역을 공격하지 말고, 해군의 요청대로 203고지로 공격했다면 이런 피해는 없었을 것이

시체 냄새 때문에 싸우기가 힘들 정도였다고 한다.

다. 그러나 이지치와 노기 장군은 끝까지 고집을 꺾지 않았다.
제2차 공세에서 제3군은 프랑스 요새 축성의 달인이었던 보
방Vauban의 공격법인 두 갈래 공격로를 파 돌격 진지를 구축하
는 방법을 썼고, 장교들의 희생을 최소화하기 위해 보루에 돌
입할 경우 필요한 장교만 부대를 선두 지휘하도록 명령했다.
그러나 3830명의 사상자만 냈을 뿐 실패로 돌아갔다.

이때 제1보병 사단의 참모장이 203고지에 대한 공격을 건
의했다. 해군의 요청을 다 들어주는 건 아니지만, 소규모 별동

대로 한번 공격해보는 것도 나쁘지 않을 것이라고 설득했다.
이 설득에 넘어가 제1보병 사단의 별동대가 203고지를 공격
했으나 워낙 소규모였기 때문에 고지 탈환에는 성공하지 못
했다. 그러나 이 공격이 러시아군에게 경고가 되어 러시아는
203고지의 취약점을 확인했으며 일본군이 이 고지를 노린다
는 사실도 알게 됐다. 러시아군 사령관이었던 스테셀 중장은
그 즉시 203고지를 보강하기 시작했고, 그 결과 203고지에 더
많은 기관총과 철조망, 중포가 배치됐다. 일본군이 피를 덜 흘
리고 뤼순 요새를 함락할 기회가 사라진 것이다.

촉박

―

봉천奉天(현재 선양) 방면에서 러시아군이 늘어나는 것이 눈에
띌 정도였고, 러시아의 발트 함대가 하루하루 다가오는 상황
이었지만, 뤼순 요새를 공략하기란 요원해 보였다. 이제 일본
의 운명은 뤼순 요새의 함락에 달려 있다고 봐도 무방할 정도
였다.

그러나 날마다 시체 산더미가 새로이 쌓여가고 전비 압박

에 일본 경제가 휘청대는 와중에도 이지치는 26을 반으로 쪼개기 위한 돌격을 계속했다. 일본군은 찬밥 더운밥 가릴 처지가 아니었다. 이미 제3군의 사상자는 3만 명에 육박했다. 가장 현실적인 대책은 제3군 사령관인 노기 장군을 교체하는 것이었지만 직속상관이었던 오야마 이와오大山巖 원수는 아군의 사기가 떨어진다는 이유로 노기 장군을 유임했다.

그뿐 아니라 도쿄만 방어를 위해 배치해놨던 280밀리미터 유탄포를 떼어내 제3군에 보내기까지 했다. 224킬로그램의 포탄을 7850미터까지 날려버릴 수 있는 이 유탄포는 군함 갑판을 목표로 제작했기 때문에 땅에 닿으면 불발이 되는 경우가 많았다. 그러나 가릴 처지가 아니었다. 당시 의견이 분분했지만 뭐든 일단 보내야 했다. 그런데 이 와중에도 이지치는 보낼 필요 없다고 잘라 말했다고 한다. 이 포가 너무 무거워 포상을 설치하는 데만 3주가 걸릴 것이라는 이유였는데, 실제로는 9일 만에 설치했다.

유탄포와 함께 기관총 같은 화기도 보충됐다. 러시아군의 맥심 기관총에 대항하기 위해서였는데, 문제는 일본이 가난했다는 점이다. 제2차 공세 때 48정을 추가 배치했고 제3차 공세 때 80정을 추가 할당했지만, 당시 알보병(일반 보병) 생활

280밀리미터 유탄포

에 익숙해 있던 일본군에게 기관총은 낯선 무기였던 터라 제대로 활용하지 못했다. 일본군은 "보병이 기관총을 휴대하는 것은 용감하지 못한 꼴이다"라는 변명 아닌 변명을 했다.

이 대목을 눈여겨봐야 하는데, 일본은 러일전쟁을 통해 자신들의 군수 생산 능력이 전장에서의 군수 물자 소모 수준을 도저히 쫓아갈 수 없다는 것을 알고 자신들의 국력을 뼈저리게 깨달았다. 이때부터 일본군은 "물건은 아끼고 사람의 생명은 그다음이다"라는 그들만의 고유한(?) 용병 사상을 정립하였다. 여러모로 러일전쟁은 일본 국민에게 지옥을 만들어준

전쟁이었다.

어쨌든 일본은 당시 지원할 수 있는 모든 것을 제3군에 지원하고자 했다. 일본의 운명이 뤼순 요새 공략에 달려 있다고 해도 과언이 아니었기에 마지막 카드까지 제3군에 건네려 했다. 바로 일본 본토의 마지막 예비 사단인 제7사단, 제8사단이었다. 일본 본토에서 막 편성된 신규 사단인 제7사단, 제8사단은 일본의 마지막 예비 병력이었다. 이걸 제3군에 보냈다가는 이마저도 털어먹을 것 같다는 불안감이 엄습했지만 격론 끝에 제7사단을 뤼순으로 보내기로 했다.

결착

운명의 1904년 11월 26일, 제3군은 제3차 공세를 시도했다. 이때 눈여겨봐야 할 것이 흰 어깨띠를 두른 '백거대'의 등장이다. 제1사단에서 2개 대대, 제7사단에서 2개 대대, 제9, 11 사단에서 각각 1개 대대를 차출해 총 6개 대대를 모아 3100여 명의 특공대를 만든 것이다.

이들은 산허리까지는 무사히 갔으나 지뢰가 터지면서 모든

백거대

것이 수포로 돌아갔다. 특공대의 접근을 확인한 러시아군은 즉시 탐조등을 켰고, 백거대는 탐조등 아래에서 총알받이 신세가 되었다. 원래 이들의 목표는 기습이었으나 목표를 달성하지 못했으므로 철수해야 했다. 그러나 연락수단이 없어서 퇴각 명령을 내릴 수가 없었고, 결국 이들은 날이 밝을 때까지 산허리에서 표적지 노릇을 해야 했다. 다음 날 아침 산비탈은 흰 어깨띠를 맨 일본군의 시체로 가득 찼다. 이 일로 백거대는 절반 가까운 사상자를 내고 사실상 궤멸했다. 지금의 상식으로는 도저히 이해할 수 없는 작전이다.

그나마 다행이라면 이 백거대의 궤멸 소식이 고다마 겐타로 兒玉源太郎 장군을 움직였다는 점이다. 당시 만주에 주둔하고 있

고다마 겐타로

던 일본군 총사령관인 오야마 이와오는 더 이상 노기의 실책을 봐줄 수 없었는지 자신의 참모장인 고다마를 보냈다. 전선의 상황을 파악한 다음 필요하다면 지휘권을 인수해 뤼순을 공략하라는 것이었다.

고다마는 곧바로 뤼순으로 가는 기차 편에 몸을 실었고, 제3군 사령부에 도착하자마자 이지치 고스케를 불러놓고는 거의 죽기 직전까지 몰아세웠다. 그동안의 작전이 수준 이하였다고 꾸짖고 바로 노기 장군을 만났다.《언덕 위의 구름》에서는 이 장면을 이렇게 표현하고 있다. "자네 지휘권을 며칠만 빌려주지 않겠나?" 이렇게 고다마는 지휘권을 인수했다. 그러고는 제3군 참모들을 소집해 작전 목표를 다시 설정했다.

"203고지 점령을 최우선으로 한다!"

이후 고다마는 모든 화포를 203고지에 쏟아부었고, 지휘권을 인수한 지 나흘 만인 1904년 12월 5일 오전 10시 30분경 드디어 203고지를 점령했다. 이때 5052명이 전사했다. 그다음은 일사천리였다. 203고지는 뤼순 요새 서북면 정면 중에서 가장 훌륭한 전망을 가졌고, 뒤로는 뤼순항 전역이 한눈에 내려다보이는 요지였다. 이 고지에 오른 일본군은 즉시 뤼순항에 웅크리고 앉아 있는 극동 함대의 좌표를 280밀리미터 유탄포 부대에 통보했고, 잠시 후 280밀리미터 유탄포가 극동 함대를 덮쳤다. 그렇게 155일을 끌었던 뤼순 요새 공략전은 막을 내렸다.

203고지 전투 이후 노기 장군은 일본인의 '공공의 적'이 됐다. 이 전투 하나만으로 수만 명의 병사들이 개죽음을 당했으니 그 유가족과 일본인들의 분노가 얼마나 대단했을까? 그러나 노기 장군의 아들 두 명도 러일전쟁에서 전사했다. 장남인 노기 가쓰스케乃木勝典 중위는 진저우성 동문 전투에서 전사했고, 차남이었던 노기 야스스케乃木保典 소위는 203고지 전투에서 전사했다. 하지만 이것으로 자신의 실책을 변호할 수 없다는 것을 잘 알고 있던 노기 장군은 할복을 결심했으나 당시 메이지 천황은 이를 만류했다. 자기가 살아 있는 한 노기 장군의 할복을 인정할 수 없다는 것이었다. 결국 메이지 천황이 사망하자마자 노기 장군은 아내와 함께 자살했다.

채권이 팔리기 시작했다!

—

"뤼순의 항복은 차르 체제 항복의 서막이었다."

– 뤼순 요새 함락에 대한 레닌의 평가

뤼순 요새의 함락과 뒤이은 봉천회전에서의 승리로 러일전쟁의 승기는 서서히 일본 쪽으로 넘어왔다. 하지만 봉천회전 단 한 번만으로 일본군은 약 7만 명의 사상자를 냈으며, 이런 많은 사상자 수는 일본에게 부담이 되었다.

봉천회전 직후 야마가타 참모총장은 내각에 한 통의 의견서를 제출했다. "러시아군은 본국에 아직 강력한 병력을 유지하고 있으나 일본군은 이미 전 병력을 사용했다." 전쟁에 누구보다도 긍정적이던 군부가 전쟁 종결을 재촉하기 시작한 것이다. 실제로 당시 일본은 물이 턱 밑까지 차오른 상황이었다. 엄청난 전비 부담의 압박 속에서 일본 정부는 담배 전매권 등을 미국과 영국에 팔아 전비를 마련하고 있었다. 당시 전쟁 비용을 마련하기 위한 일본 정부의 사투는 203고지 전투의 그것과 비교할 만했다.

러일전쟁 직전에 일본 정부가 국내 산업 진흥을 위해 발행한 해외 채권이 5억 8000만 엔이었는데, 당시 금리는 연 4.5퍼센트대였다. 그러나 러일전쟁이 발발하자 채권 가격이 폭락해 100파운드짜리 채권이 75파운드에 거래됐다. 모두가 일본이 전쟁에서 승리하지 못할 것이라 판단했기 때문이었다.

개전 이후의 전쟁 비용 마련은 일본에게 또 하나의 전쟁이었다. 전쟁에서 이기기 위해서는 '더 많은 돈'이 필요했다. 문제는 일본이 가난한 나라였다는 점이다. 열강들도 전쟁 비용을 마련하기 위해 채권을 발행하곤 했지만 세상 사람들은 이길 만한 나라의 국채만 사려고 한다. 러시아와 일본이 전쟁을 하면 당연히 러시아가 이긴다는 것이 당시의 상식이었다. 따라서 일본은 돈을 마련하기 위해 백방으로 뛰어다녔지만 여의치 않았다.

영국 런던으로 달려갔던 스에마쓰 겐조末松謙澄는 연설은

물론이고 신문에 기고까지 하며 일본의 입장을 영국 국민들에게 알렸으나 대다수 영국인은 일본이 어떤 나라인지도 몰랐다. 미국의 경우는 좀 더 심했다. 당시 일본은 미국에서 1000만 파운드의 국채를 판매하는 것을 목표로 삼았다. 이는 당시 환율로 1억 엔으로, 1904년 일본 예산의 40퍼센트를 차지하는 어마어마한 액수였다. 그러나 그 누구도 일본 국채를 인수하려고 하지 않았다. 미국의 금융기관들도 러시아와 일본이 싸우면 당연히 러시아가 이기리라고 판단했던 것이다. 당시 주요 국가들의 국채 이자율이 2~3퍼센트였던 때 일본은 무려 6퍼센트의 이자율을 조건으로 내놓았지만 꿈쩍도 하지 않았다.

솔직히 말해 러일전쟁 승리의 1등 공신은 쓰시마 해전의 도고 헤이하치로 제독도, 203고지 전투를 승리로 이끈 고다마 겐타로도, 봉천회전을 승리로 이끈 오야마 이와오도 아니다. 바로 유대인 금융자본가인 제이컵 헨리 시프 Jacob Henry Schiff였다.

독일 태생의 성공한 은행가였던 시프는 19세기 말 20세기 초 미국을 대표하는 투자은행인 쿤러브 Kuhn Loeb & Co (훗날 아메리칸 익스프레스에 인수돼 리먼브라더스 지주회사가 된다)의 사장이었다. 당시 시프는 미국 서부의 주요 철도 노선을 장악하고 웨

제이컵 헨리 시프

스팅하우스Westinghouse 같은 미국을 대표하는 대기업들에 투자하면서 미국 금융계의 큰손으로 활약하고 있었다.

여기서 주목해봐야 할 점이 그의 출신이다. 그는 저명한 유대인 랍비 가문에서 태어났다. 그는 시오니즘Zionism(유대 민족주의)에 심취해 있던 인물이었고, 실제로 유대인을 위한 각종 사업에 거액을 기부해오고 있었다. 당시 그가 전미유대인협회 회장직을 맡고 있었다는 사실이 모든 것을 설명해준다. 그런 그가 러일전쟁을 주목하고 있었다. 유대 민족은 세계 어느 곳에서나 박해받는 천덕꾸러기였다. 시프는 유대인을 박해하는 나라 중에서도 러시아가 가장 심하다고 봤다. 그런데 그런 러시아가 일본과 전쟁을 하는 상황이 벌어진 것이다.

일본에게는 천운이었을까? 당시 국채를 팔기 위해 영국과 미국을 방문했던 일본은행 총재 다카하시 고레키요高橋是清에게 한 유대인 사업가로부터 만나고 싶다는 연락이 왔다. 시프였다. 시프는 다카하시에게 일본의 국내 사정과 전황을 확인하고는 그 자리에서 미판매된 일본 국채를 전량 구매했다.

1904년 기준 일본 정부의 1년치 예산은 약 2억 5000만 엔이었다. 1905년 8월까지 일본은 총 4회에 걸쳐 8200만 파운드, 약 8억 2000만 엔의 해외 국채를 발행해 전비를 조달했다. 이 가운데 시프의 주선으로 일본 정부가 빌린 돈은 모두 2억 달러, 일본 돈으로 4억 엔이나 되는 거액이었다. 이는 러일전쟁 당시 일본이 쓴 전쟁 비용의 40퍼센트에 달했다. 당시 시프는 단순히 일본에게 돈만 빌려준 것이 아니라 적극적으로 러시아의 국채 발행을 방해했다. 유대계 자본의 대표 주자인 로스차일드Rothschild 가문에 편지를 보내 러시아 채권의 인수를 거절해달라고 부탁했고, 러시아 국채가 금융계에 풀리는 것을 막았다.

만약 시프가 없었다면 일본이 러일전쟁에서 승리하는 일도 없었을 것이다. 이렇듯 든든한 유대인 조력자가 있었음에도 일본 정부는 전비 부담에 허덕였다. 이미 일본 경제는 최악의 상황이었고, 일본 국민의 생활은 하루하루가 전쟁이나 다름없었다.

이런 상황에서 뤼순항에서의 승리는 일본에게 새로운 전기를 마련해줬다. 시장에서 일본 국채가 팔려나가기 시작한 것이다. 뤼순 요새가 일본의 손에 떨어지고, 극동 함대가 분쇄되면서 일본의 승리를 점치는 나라들이 늘어났고 일본 국채가 팔려나갔다. 일본으로서는 숨을 내몰아 쉴 수 있는 여유가 생겼다. 이제 세상은 일본의 승리를 예측하기 시작했고, 열강들은 저마다 바쁘게 주판알을 튕기기 시작했다.

06

이상한 전쟁

1904년 2월 8일에 발발한 러일전쟁은 1990년 8월 2일에 발발한 걸프전과 유사한 점이 하나 있다. 바로 전 세계인의 관심을 받았다는 것이다.

걸프전 당시 우리는 TV 앞에서 토마호크 미사일과 스텔스 전폭기, 패트리어트 미사일과 스커드 미사일의 대결을 흥미진진하게 지켜봤다. 단순히 '싸움' 그 자체에 흥미를 느꼈다고 해야 할까? 걸프전을 둘러싼 흥미로운 정치적 수 싸움이 몇 번인가 있었지만, 이미 전쟁이 시작되기 전부터 승자는 정해진 상황이었고 힘 좀 쓴다 하는 나라들 대부분이 '예비 승리자'인 미국과 함께했기에 정치적 문제는 부차적인 문제로 밀려났다. 관심사는 오로지 '얼마나 압도적으로 이길 수 있을까'였다. 결국 사람들은 전쟁 자체를 '순수하게' 즐기는 것을 택

했고, TV 뉴스는 방위산업체의 카탈로그 역할을 톡톡히 했다. 이 이상한 전쟁에서 최종 승자는 CNN이었다.

같은 의미, 다른 느낌으로 러일전쟁은 20세기 초반 세계 각국 사람들에게 초미의 관심사였다. 걸프전이 신인들의 3라운드짜리 복싱이었다면, 러일전쟁은 파퀴아오와 메이웨더의 12라운드 통합 챔피언 결정전이었다. 러시아와 일본은 통합 챔피언 결정전답게 관객의 흥미를 돋울 만한 전투를 보여줬고(개별 전투만 놓고 보면 졸전이었지만) 도박사들은 반전에 반전을 거듭하는 전쟁 상황에 열광했다.

20세기 최초의 대규모 전쟁이었다는 점, 노회한 제국 러시아와 이제 막 제국으로 발돋움하려는 일본의 전쟁이었다는 점, 근대화된 대량 생산 체제에서 치러진 '제대로' 된 국가 간의 전쟁이었다는 점에서 세계 각국은 이 전쟁에 열광했다. 너나 할 거 없이 러일전쟁에 대한 소식을 찾았고, 언론은 이 호재를 놓치지 않았다. 세계 각국의 언론사들은 앞 다투어 종군기자를 파견했고, 사진을 전송할 수 없었던 당시 기술력의 한계를 극복하고자 수많은 삽화가가 동원돼 러일전쟁을 그려냈다. 20세기 초의 러일전쟁에서는 걸프전에서 활약한 CNN을 넘어서는 취재 전쟁이 펼쳐졌다. 그 와중에 국제 사회는 이 전

러일전쟁을 묘사한 당시의 삽화

쟁의 최대 피해국인 청나라와 한국을 비웃기 시작했다.

이상한 전쟁

—

"우리는 한국인들을 위해서 일본에 간섭할 수 없다. 한국
인들은 자신들을 위해 주먹 한번 휘두르지 못했다."

– 1905년 1월 미국 대통령 루스벨트가 당시 국무장관이었던

존 헤이John Hay에게 보낸 편지 중

"오늘날 전쟁은 인간사의 마지막 심판자이며 또한 국민성

을 최후로 시험하는 관문이다. 이 시험에서 대한제국 국민은 실패했다. 외국 군대가 자기 나라를 통과해 가려고 하자 어려움을 이기지 못하고 모두 도망갔다. 그들은 문짝이며 창문이며 할 것 없이 주워갈 수 있는 것 모두를 등에 지고 산으로 들어갔다." – 러일전쟁 당시 종군기자로 활약했던 잭 런던Jack London의 기록 중

러일전쟁은 이상한 전쟁이었다. 분명 러시아와 일본의 전쟁이었지만 이들은 자국 영토가 아닌 제3국, 즉 대한제국과 청나라의 영토에서 전쟁을 치렀다. 이런 상황임에도 대한제국과 청나라는 아무런 반응을 보이지 않았다.

잭 런던 기자를 비롯해 서양의 종군기자들이 본 대한제국의 모습은 충격 그 자체였다. 대한제국 정부는 1904년 1월 21일 국외중립局外中立을 선언했지만, 이는 허울뿐인 선언이었다. 2월 8일 개전 이후 얼마 지나지 않아 대한제국은 일본의 후방기지로 전락하게 되었다. 주한 일본공사는 대한제국에 동맹 조약을 강요했고, 2월 23일 '한일의정서'를 체결했다.

이후부터는 일사천리였다. 4월 1일 대한제국의 통신망이 일본의 손에 넘어갔고, 일본은 병력과 군수 물자의 수송을 위해 경부선과 경의선 철도의 부설을 서둘렀다. 그리고 1904년

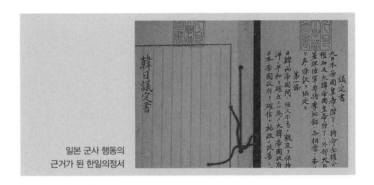

일본 군사 행동의
근거가 된 한일의정서

8월 22일 제1차 한일협약을 체결했다. 대한제국 정부는 일본인 재정 고문과 일본인이 추천하는 외국인 외교 고문을 두고, 외국과의 조약 체결 시 일본 정부와 '협의'해야 했다. 대한제국의 본격적인 '고문顧問 정치'가 시작된 것이다. 이후 일본은 외교와 재정을 넘어서 군사, 경찰, 교육, 왕실 업무 등등 조약에도 없는 고문들을 추가했다. 완전한 '식물 정부'가 된 셈이다.

일반 백성의 모습은 어땠을까? 당시 일본인은 조선인을 군수품 운반에 동원했는데, 이때 군수품 품목을 쉽게 확인하기 위해 조선인의 뺨에 빨간색은 탄약, 보라색은 공병 장비 같은 식으로 각각의 색깔을 칠했다. 조선인들은 얼떨결에 끌려 나가 일본의 후방지원부대로 활약하게 된 것이다.

이 모습을 취재한 종군기자들과 기사를 본 전 세계 사람들

"친절한" 대한민국

은 대한제국을 어떻게 생각했을까? 위에 인용한 루스벨트와 잭 런던의 말로 설명이 가능할 것이다. 자신의 땅이 전쟁터가 됐음에도 기껏해야 중립을 선언하는 게 고작이었던 대한제국 정부의 무능력과 판단력 결여를 보며 세계열강은 대한제국을 경멸하게 되었다. "대한제국은 러일전쟁의 승자가 전리품으로 가져가도 손색이 없을 정도로 잘 다듬어진 예비 식민지다."

러일전쟁 이후 포츠머스 조약, 국권 침탈로 이어지는 일본의 강경 드라이브에도 국제 사회에서 큰 잡음이 일지 않은 이유 중에는 러일전쟁 당시 보여준 대한제국 정부와 국민의 무능함도 있었다. 어느새 우리는 식민지가 되어도 할 말이 없는 국가로 낙인찍힌 것이다. 가슴 아픈 사실은 이를 반박할 만한 논리가 없다는 점이다.

마지막 카드
—

일본이 러일전쟁을 감행할 수 있었던 배경 중 하나인 영일 동맹은 러일전쟁의 마지막 순간 그 빛을 발했다. 물론 그 이전에도 영국은 엄청난 금액의 일본 채권을 사주며 든든하게 후방 지원을 해줬으나 실질적인 군사 작전에서의 도움은 거의 없었다. 그러나 마지막 순간 영국은 일본에 결정적인 우군이 되어주었다.

1905년 3월 일본군 24만 9800명과 러시아군 30만 9600명은 봉천에서 만주와 국가의 운명을 건 회전會戰(일정 지역에 대규모의 병력이 집결하여 벌이는 전투)을 벌였다. 러시아군이 패퇴했으니 명목상으로는 일본군의 승리였다. 그러나 일본군에게는 퇴각하는 러시아군을 쫓아가 격멸할 만한 힘이 없었다. 이미 일본은 전력을 대부분 소모한 상태였고, 더 이상의 진출은 무리였다. 당시 참모총장이던 야마가타가 이미 두 손을 든 상

봉천회전

황이었다.

봉천회전의 사상자는 일본군이 7만 명, 러시아군이 9만 명으로 이 전투로 인해 양국은 숨을 몰아쉬며 주저앉은 상태였다. 승자는 일본이었지만 '피로스의 승리'라고나 할까? 물론 뤼순항을 확보한 일본이 승기를 잡았다는 데 이견을 제시하는 사람은 없었다. 눈치 빠른 금융권 사람들이 당시 너나 할 것 없이 일본 채권을 사지 않았는가? 그러나 러시아에게는 아직 카드가 하나 남아 있었다. 바로 발트 함대였다.

발트 함대는 1703년 5월 18일 스웨덴과의 전쟁(대북방 전쟁) 중에 러시아의 표트르 대제가 창설한 함대다. 러시아 해군 함

발트 함대

대 중에서 가장 역사가 오래되었고, 러일전쟁 당시에도 러시아 해군의 최강 전력으로 분류되었다. 만약 러시아가 뤼순항을 끝까지 지켜냈던가(노기 장군이 최소 2개월 이상 지휘권을 행사했다면 가능했을지도 모른다) 발트 함대가 더 일찍 태평양으로 출발해 극동 함대와 합류했다면 일본은 전쟁에서 패배했을 것이다. 아니, 최소한 일본이 승리하지는 못했을 것이다.

왜? 일본은 섬나라이다. 즉, 모든 보급이 해상으로 이어진다. 이는 군수품에도 예외 없이 적용된다(비행기를 띄울 수도 없지 않은가? 라이트 형제가 보잉 747 날개 길이보다 짧게 날아오른 것이

1903년이었음을 기억하자). 만약 발트 함대와 뤼순항의 극동 함대가 합류해 일본 연합 함대를 압박했다면 일본은 최소한 제해권을 러시아에 넘겨줬을 것이다. 제해권을 넘겨준다는 말은 곧 만주에 진출한 일본 육군의 보급로가 끊긴다는 소리고 (최소한 보급에 많은 애로를 겪게 될 것이 분명했다) 가뜩이나 물자 부족에 시달려야 했던 일본군은 움직임 자체가 제한됐을 것이다. 아니, 그 이전에 패했을지도 모른다. 일본으로서는 뤼순항을 함락하고 극동 함대를 분쇄한 것이 그나마 다행스러운 일이었다. 그러나 이건 에베레스트 산 정상을 등반하기 전에 마지막 베이스캠프를 차리는 수준이었다. 일본에게 발트 함대는 그런 존재였다.

영국, 드디어 움직이다
—

"세상이 시작된 이래 어떤 군함도 시도한 적이 없는 항로." 러일전쟁 당시 발트 함대의 태평양 진출 항로를 두고 당시 사람들은 이렇게 평가했다. 220일간 지구 둘레의 4분의 3에 해당하는 2만 9000킬로미터를 항해한 러시아 발트 함대의 이동은 그 자체가 '기적'이었으며 그 용맹한 정신은 칭송받아 마땅했다. 낙오한 함선 한 척 없이 지구 반 바퀴를 돌아 무사히 태평양으로 진출한 발트 함대의 우수성과 그 지휘관 로제스트벤스키 제독에게 찬사가 쏟아졌다. 지금 봐도 칭송받아 마땅한 공적이었다.

러일전쟁이 한참 격화되던 시점에 러시아의 니콜라이 2세 황제는 발트 함대의 출전을 결정했다. 당시 흑해 함대는 오스만 제국을 견제해야 했고, 다르다넬스·보스포루스 해협 통과가 여의치 않아 차출할 수 없었다. 출전 결정과 동시에 발트 함대의 이름은 '제2태평양 함대'로 변경되었다. 기존의 태평양 함대(극동 함대)는 발트 함대의 개명과 함께 '제1태평양 함대'가 됐다. 니콜라이 2세는 일본을 확실하게 짓밟기로 결심했다.

문제는 보급이었다. 원자력 항공모함이 바다를 가로지르는 시절도 아니고, 석탄으로 배를 움직여야 했던 시절이니 만큼 (심지어 석유도 아니었다!) 석탄의 보급이 곧 원정의 성패를 좌우한다고 봐도 과언이 아니었다. 제때 제대로 보급을 받아야지만 배가 움직일 수 있었다. 그런데 문제는 당시 질 좋은 무연탄을 보유한 나라가 일본과 동맹을 맺은 영국이었다는 점이다. 영국이 러시아에 석탄을 줄 리가 만무했다. 애초에 러시아도 기대하지 않았다. 또 진짜 문제는 기항지였다. 전 세계 바다를 지배하는 '해가 지지 않는 나라' 영국. 배가 정박할 만한 곳은 영국이 다 차지한 상황이었고, 영국이 러시아 함대의 기항을 허락하지 않을 것이란 점은 러시아도 잘 알고 있었다. 해결책은 중립국을 이용하는 것이었지만, 이들도 영국의 눈치를 보며 러시아 함대의 기항을 불허했다.

결국 러시아가 믿을 건 독일과 프랑스뿐이었다. 러시아는 독일의 함부르크-아메리카 석탄선과 전속 계약을 맺고 석탄 보급을 맡겼다. 기항지는 프랑스의 식민지로 정했다. 당시 영국이 관할하던 수에즈 운하를 통과할 수는 없었으므로 러시아 함대는 멀리 빙 둘러 아프리카의 희망봉을 찍고 인도양으로 넘어가야 했다. 이 과정에서 거쳐야 하는 아프리카 동해안, 인도, 남중국해의 말레이시아, 싱가포르 등등은 모두 영국의 힘이 미치는 곳이었다.

영국의 이러한 간접적 도움은 러시아 해군을 지치게 했다. 덤으로 영국 해군의 친절한 정보 전달도 이어졌다. 러시아는 일본과의 타이틀 매치를 위해 지구 반 바퀴를 돌아가야 하는데, 그사이 먹을 것도 잠잘 숙소도 지원받지 못한 채 터벅터벅

걸어가야 했던 것이다. 그리고 이렇게 지친 상태에서 시차 적응할 시간도 갖지 못한 채 바로 링 위로 끌려 올라간 것이다. 그럼에도 러시아는 이들을 태평양으로 보내야 했다.

1904년 10월 14일 발트 함대는 상트페테르부르크 인근의 리바우 항에서 출격했다. 이때 니콜라이 2세는 남아 있는 낡은 배를 수리해 뒤이어 보내주겠다고 약속했다. 러시아는 판돈을 전부 다 걸 기세였다. 실제로 니콜라이 2세는 약속을 지켰고, 이렇게 편성된 함대는 전함 7척, 순양함 7척, 보조 순양함 5척, 구축함 9척 등 총 38척의 전투함에 수송선 26척, 승무원 1만 4000명을 자랑하는 대함대가 됐다. 영국 해군도 움찔할 수준의 규모였다.

일본은 발등에 불이 떨어졌다. 뤼순항을 함락하기 전에는 하루빨리 극동 함대를 분쇄해야 한다는 생각에 전전긍긍했고, 뤼순항을 함락하고 나서는 발트 함대가 어디에 있는지, 또 발견하더라도 어떻게 싸워 이겨야 할지를 놓고 고민했다.

여기서 한 가지 짚고 넘어가야 할 점이 220일이나 걸린 항해 기간이다. 대서양에서 태평양으로 거슬러 올라가는 대장정이라 해도(영국의 방해 공작을 고려해도) 220일은 너무 길었다. 항해 일지를 보면 이들은 1904년 12월 29일 이미 희망봉을 돌

수에즈 운하를 통과했다면 금방 갈 수 있었던 길을 돌고 돌아 가야 했다.

아 마다가스카르 섬 인근의 생트마리까지 진출했고, 이듬해 1월 초순 생트마리 섬 근처 노지베 섬에 도착했다.

1904년 12월 전후로 전황은 급격하게 요동치고 있었다. 1904년 12월 5일 문제의 203고지가 일본군에게 점령됐고, 그날 오후 2시부터 뤼순항에 대한 포격이 시작됐다. 그리고 이듬해인 1905년 1월 1일 뤼순항은 일본군의 손에 떨어졌다. 발트 함대는 노지베에서 이 소식을 전해 들었다. 그리고 블라디보스토크로 향하라는 새로운 명령을 하달받았다.

그러나 이 명령을 당장 실행할 수는 없었다. 가고 싶어도 연료가 없었다. 독일 석탄선과의 계약이 노지베 섬에서 만료됐기 때문이었다. 블랙코미디였다. 당시 러시아는 긴급히 10여 척의 보급선을 보냈는데, 우연인지 요행이었는지 이들은 수에즈 운하를 통과할 수 있었다. 이들은 인도양에서 겨우겨우 발트 함대와 만났다. 석탄이 보급될 때까지 두 달 동안 발트 함대는 산호초로 유명한 생트마리 섬에서 더위와 풍토병으로 고생했다. 북구의 패자가 더위와 싸워야 했으니 그 고생이 얼마나 대단했겠는가? 시작부터 뭔가 꼬여버렸다.

07

봉천회전

역사상 가장 유명한 일요일은 언제일까? 역사를 아는 이라면 열에 일고여덟은 주저 없이 1905년 1월 22일을 꼽을 것이다. 아마도 나머지 두셋은 1972년 1월 30일을 말할지 모른다. 이 두 일요일의 공통점은 '피'와 관련돼 있다는 것이다.

피의 일요일

—

피로 얼룩진 이 두 번의 일요일은 인류의 역사를 뒤바꿔놓았다. 특히나 1905년 1월 22일 러시아 상트페테르부르크에서 벌어진 유혈행진은 20세기를 사회주의의 실험실로 만드는 촉매제가 돼주었다.

이야기의 시작은 1861년 3월 3일로 거슬러 올라간다. 러시아의 알렉산드르 2세가 농노 해방을 선포한 것이다. 그 당시까지 농업 국가였던 러시아는 유럽에 비해 뒤처진 산업을 발전시키기 위해 고민하고 있었다. 선진 기술이나 산업 기반은 선진국으로부터 수입해오든가 국가 차원의 투자로 해결할 수 있었지만, 진짜 문제는 노동력이었다. 산업을 발전시키기 위해서는 노동자가 필요했다. 하지만 당시 러시아에서는 노동력을 찾기가 쉽지 않았다.

결국 러시아는 농노로 붙잡혀 있는 농민들을 해방시켜 이들을 노동력으로 삼겠다는 계획하에 농노해방령을 내리게 된다. 그러나 이는 평생 농민으로 살아온 농노들에게는 불행의 시작이었다. 일단 '자유'라는 걸 얻었지만 그 자유의 대가로 생존의 위협을 받게 된 것이다. 농노에서 해방된 러시아 농민들이 다시 농사를 짓기 위해서는 땅을 사야 했는데, 이들이 땅을 살 수 있는 능력이 있었을까? 설사 땅을 소유하게 되더라도 지주 밑에서 농노로 일했을 때보다 수익이 절반 이하로 떨어졌다.

농사로 살 수 없게 된 농민들은 땅을 떠나 도시로 몰려가 저임금 노동자의 삶을 살 수밖에 없었다. 모든 건 차르가 생각한

대로 이루어졌다. 차르를 위시한 고위관료, 생산수단을 손에 쥔 자본가 계급에게는 더할 나위 없이 좋은 일이었겠지만, 가지지 못한 자들에게는 지옥이 열린 셈이었다. 이들에게는 농촌에 남아 과도한 빚을 떠안고 산 땅을 일구며 말라 죽든가, 도시로 떠밀려가 저임금 노동자로 시들어 죽든가, 이 두 가지 선택지밖에 없었다.

여기에 불을 붙인 것이 말도 안 되는 러시아 정부의 수출 장려 정책이었다. 산업화에 필요한 자본을 얻기 위해 러시아는 내다팔 수 있는 모든 것을 팔았다. 여기에는 생존과 직결되는 농산물도 포함돼 있었는데, 이 때문에 러시아의 물가는 치솟았다. 이 정도에서만 그쳤더라면 '먹고 살기 힘들다' 정도로 끝났을 텐데, 기근이 들어 농산물 가격이 치솟는 와중에도 농산물 수출 정책은 계속됐다. 그 결과 도시 노동자들은 삶의 질이 극도로 떨어지고 생존 자체를 걱정하는 상황에까지 몰리게 됐다.

이러한 분위기 속에서 러시아 민중의 불만은 쌓여갔고, 일부 노동자들은 공산주의 이념에서 해결책을 찾으려 했다. 그러나 러시아 민중은 '순수'했다. 인간의 이성을 믿고, 왕권을 무너뜨린 '혁명'의 기억을 가지고 있던 서유럽의 민중들이 시

가폰 신부

민의식을 쌓아나가던 그때에 러시아 민중은 황제를 찾았다. 그들은 신의 대리자가 황제라고 굳게 믿고 있었다. 그런 그들이 1905년 1월 22일 그들의 황제를 찾았다.

브치로프의 공장에서 노동자 세 명이 부당해고를 당하자 노동자들의 분노는 폭발 직전까지 부풀어 올랐다. 평소 노동자들의 상황을 확인하고 이를 개선하기 위해 차르에게 줄기차게 편지를 보내 탄원했던 가폰 신부는 이 '폭발'이 가져올 파괴력을 감지하고는 노동자들을 설득했다. "지금 우리 상황을 차르에게 설명한다면 차르는 우리를 외면하지 않을 것이다." 순진하다고 해야 할까? 아니, 그들은 황제를 믿었다. 가폰 신부는 노동자들을 설득했고, 노동자들도 가폰 신부와 차르를 믿었다. "노동자들의 실태를 제대로 알면 차르는 우리의 말을 들어줄 것이다. 차르에게 노동자들의 상황을 설명하고, 노동자들의 급료를 올려달라고 청원하자."

이들은 청원서를 작성해 차르가 있는 겨울궁전으로 행진하기 시작했다. 그런데 행진이 시작되자 불만을 가진 수많은 노동자와 민중이 달려 나왔다. 청원 행렬은 삽시간에 30만 명으로 불어났는데, 이들은 자신들의 '덩치'는 생각하지 않고 청

겨울궁전에 접근하는 시위대를 막아선 군인들(영화 〈1월 29일〉, 1925)

원서만 들고 가면 차르가 만나줄 것이라는 순진한 착각을 계속했다. 하지만 아무리 순수한 목적이라도 그 수가 30만에 육박한다면 이를 순수하게 받아들일 위정자는 없을 것이다. 자칫 그 대열에 불순분자가 섞여 있거나 군중심리가 잘못된 방향으로 폭발한다면 얼마든 폭도로 변할 수 있다. 아니, 그러지 않는 게 이상하다.

그러나 이런 사실을 아는지 모르는지 이 청원 행렬은 성가를 부르며 광장으로 모여들었다. 그나마 다행인 것은 그들 스스로도 사태의 심각성을 어느 정도는 인지하고 있었다는 점이다. 그들도 자신들의 덩치가 어떤 위압감을 줄지 알았는지 행렬 맨 앞에 "병사들이여, 인민들을 쏘지 말라"라는 플래카드를 내걸었다. 하지만 그러한 메시지가 무용했다는 사실이 곧 증명됐다. 그들을 막아선 황제의 군대는 일제 사격을 가하고 대포를 쏘아 순식간에 1000명이 넘는 노동자를 죽였다. 뒤이어 기병대들이 돌진해 행렬에 참가한 노동자와 민중을 학살했다.

일요일에 벌어진 이 학살 소식은 삽시간에 러시아 전역으로 퍼져나갔고 러시아는 요동쳤다. 모스크바, 사라토프, 바르샤바 등지에서 노동자들이 들고 일어났다. 시위의 불길은 점점

비폭력 시위를 경찰과 군대가 무력으로 진압했다.

확산돼 종국에는 러시아 전역의 66개 도시에서 44만 명의 노동자들이 차르의 학살과 학정에 대한 항의 표시로 파업에 들어갔다. 상식적으로 이 정도 사안이라면 러시아 국정이 마비되고 모든 경제 지표가 바닥으로 떨어진다는 걸 예상했어야 했다. 아니, 체제 자체가 흔들릴 만큼 중대한 사건이었다. 그러나 러시아 황제는 이런 상황을 너무나 가볍게 받아들였다.

결국 러일전쟁의 승리로 사회의 불만을 외부로 돌려보겠다는 차르의 생각은 산산조각이 났다. 나아가 러시아란 나라의 미래가 흔들리기 시작했다.

각자의 사정

—

뤼순항을 접수하면서 일본은 한숨을 돌렸다. 겉으로 보면 일본이 유리했던 것이 사실이다. 그러나 어디까지나 한 고비 넘긴 것뿐이었으며, 당시 일본은 모든 걸 쥐어짜낸 상태였다.

몇 번의 승리로 버티고 있긴 했지만, 1905년 일본은 애초에 계획하고 준비했던 전비의 대부분을 소진하게 되었다. 전선에서는 끊임없이 포탄과 병력을 요구했지만 포탄이 이미 바닥나서 민간에서 공출한 솥이나 냄비 등으로 포탄을 만드는 지경이었다. 병력 상황은 더 참담했는데, 불과 몇 개월 사이에 10만 명의 사상자를 낸 일본군은 더 이상 사상자를 감당해낼 수 없었다. 203고지 전투 때 본토의 마지막 예비 사단이었던 제7사단과 제8사단을 제3군에 보내는 것을 두고 갑론을박했던 게 당시 일본의 병력 상황이었다.

일본이 장기전을 감당해낼 수 없다는 건 누가 봐도 명확했다. 상황이 이렇게 돌아가자 참모본부 차장인 나가오카 가이시長岡外史 소장은 "포탄을 보충하기 위해서라도 2~3개월간 휴전하는 것도 나쁘지 않다"고 진언하기도 했다. 결국 일본은 '강화'를 생각하게 됐고, 외교력을 투입해 조기 강화를 위한 방법을 찾았다.

그러나 러시아는 호락호락한 상대가 아니었다. 사실 누가 봐도 러시아가 강화할 이유는 없었다. 뤼순항이 함락당했다 해도 아직 러시아는 만주에 30만이 넘는 병력이 있었고, 러시아 최강의 발트 함대가 극동으로 달려오고 있는 상황이었다. 러시아가 초전에 고전을 하고 있지만, 광대한 영토와 인구에서 나오는 힘은 무시할 수 없었다. 러시아가 본격적으로 병력을 투입한다면 일본의 승리는 어려워질 것이었다. 더군다나 장기전으로 갈 경우 일본이 러시아를 이길 확률은 없었다. 개전한 지 불과 1년도 안 되어 전비와 병력, 탄약 부족에 허덕이는 일본은 전쟁이 장기화된다면 필패였다. 러시아는 버티면 이길 수 있을 것처럼 보였다.

하지만 러시아의 속사정은 꽤 복잡했다. 그때까지 러시아가 일본군보다 병력상 우위를 확보한 점은 사실이었다. 일본군은 거의 모든 걸 쥐어짜내 병력을 보냈지만 러시아는 여유가 있었다. 만주에 있는 병력은 러시아 전체 병력의 일부였고, 시베리아 횡단철도를 통해 병력은 계속 증강됐다. 개별 전투 결과만 보면 일본군이 승리했기에 일본군이 병력 면에서 앞선 듯 보이지만 실상은 러시아가 우위였다. 즉, 병력이 많으면서도 패한 것이었다.

여기에는 여러 이유가 있지만 대표적으로 병사들의 사기와 보급 문제를 꼽을 수 있다. 전투에서 몇 차례 패하면서 러시아군의 사기는 바닥에 떨어졌다. 여기에 '피의 일요일' 사건이 터지며 정치적으로 뒤숭숭한 상황이 이어졌고, 러시아는 내부 불안을 전쟁의 승리로 덮기 위해 계속해서 러시아군의 전면 공세를 종용했다. 일본군 하나만 상대하기에도 벅찬 러시아군은 정치 문제까지 떠안으며 전략적인 압박을 받고 있었다.

이보다 더 실질적인 문제는 '보급'이었다. 영국과 일본이 두려워했던 시베리아 횡단철도에는 치명적인 결함이 있었다. 바로 철도가 단선單線이었다는 점이다. 복선이 아니었기에 근본적으로 보급에 한계가 있었고, 우선은 병력과 물자를 만주로 보내야 했기에 끌어올 수 있는 모든 화차貨車를 동원해 보내긴 했지만, 이걸 다시 유럽으로 보내는 일이 골치 아픈 문제였다. 단선이기에 일단 들어오는 차량을 우선했는데, 그 결과 화차만 쌓여가고 있었다.

거기에 당시 시베리아 횡단철도에 미개통 구간이 있었다는 점이 더 큰 문제였다. 이를 극복하고 어찌어찌 보급품과 병력을 보내긴 했지만, 시베리아 철도와 남만주 철도가 연결되는 지점부터는 사정이 다시 복잡해졌다. 전쟁 중 적들이 가장 많이 노리는 목표물이 뭘까? 바로 보급선이다. 보급선 경비를 위해 러시아군은 병력을 따로 빼놔야 했다.

이 모든 것을 종합해보면 러시아군의 사정도 그리 좋지만은 않았음을 확인할 수 있다. 아니, 일본군만큼이나 절박했다고 할 수 있다.

다른 듯 같은 상황
——

"전투에선 이기고 전쟁에선 졌다." 전쟁사를 이야기할 때 흔히 나오는 말이다. 개별 전투에서 보면 승자가 분명하지만, 전쟁이 끝나고 나니 패자가 된 경우는 너무도 많다. '피로스의 승리'라고 할 수도 있겠지만, 피로스의 승리는 명목상으로 '승리'는 쟁취했기에 이 경우보다는 나을 것이다.

러일전쟁 당시 일본도 이런 위기에 봉착해 있었다. 봉천회전 직전까지 일본은 러시아를 상대로 수많은 승리를 거뒀고, 개전 초의 의구심이 점점 승리의 확신으로 바뀌어가던 그 시점에도 일본은 패망을 걱정해야 했다. 모든 걸 쥐어짜내 겨우 우위를 유지하는 아슬아슬한 상황. 이 상황이 조금만 더 길어지다면 일본은 패배할 수밖에 없었다.

여기서 일본의 선택지는 하나밖에 없었다. "쥐어짤 수 있는 모든 것을 쥐어짜내 마지막 판돈을 만들어 마지막 판을 벌인다." 도박이다. 장기전으로 간다면 일본은 진다. 장기전으로 가기 전에 러시아에 심대한 타격을 입히고, 그를 바탕으로 강화에 들어가는 것이다. 러시아와 본격적으로 싸운다면 승산이 없다. 그 전에 전쟁을 끝내야 했다.

이렇게 결론을 내린 일본은 마른 수건을 쥐어짜내듯 자신이 가진 모든 것을 쥐어짜냈다. 겨울 휴전기 동안 일본 본토에서 신규로 세 개 사단을 창설해 병력을 확보하고, 미국에서 구해온 전비로 새로운 야포와 포탄을 확보하기 시작했다. 또한 그 사이 조선에 주둔시켰던 조선주차군을 차출하여 압록강군을 새로 편성해 병력을 충원했다. 일본으로서는 최대의 전력을 꾸려 단 한 번의 전투로 전쟁을 끝내려 했다.

일본만 이런 생각을 했던 건 아니었다. 러시아도 상황이 녹록치 않았다. 본국의 뒤숭숭한 정치 상황, 거듭된 패배로 떨어진 사기, 한없이 늦어지는 보급, 거기에 이 모든 상황을 한 번에 뒤집기 위해 전쟁 승리가 필요했던 본국의 압박까지 겹쳐

알렉세이 쿠로팟킨

러시아도 한 번의 '큰 승리'가 필요했다.

하지만 극동육해군 총사령관 알렉세이 쿠로팟킨 대장의 생
각은 약간 달랐다. "일본군의 대규모 공세에 대비해야 한다."
공격보다 수비를 우선시했던 것이다. 이제까지 수세적인 군
운영으로 패배를 자초한 러시아군이 아직도 정신을 못 차린
것일까? 이번에는 달랐다. 쿠로팟킨의 결정에는 나름의 근거
가 있었다. 조만간 일본이 대규모 회전會戰을 걸어올 것이란
징후가 농후했다. 당시 쿠로팟킨은 일본군이 러시아 전선을
우회해 공격해 들어올 것이란 판단하에 방어전을 생각하고
있었다.

공격이든 방어든 러시아와 일본 모두 모든 병력을 끌어 모

아 한판 전투를 벌일 것이란 건 이미 기정사실이 됐다.

육지의 오야마, 바다의 도고
—

조슈번長州藩과 사쓰마번薩摩藩의 반목은 일본 근현대사에서 빼 놓을 수 없는 주제다. 메이지 유신은 앙숙인 그들이 사적인 감 정을 뒤로하고 대승적 차원에서 하나로 뭉치면서 일궈낸 승 리였다. 이른바 삿초 동맹薩長同盟이다. 이후 몇 번의 부침 끝에 육군은 조슈번이, 해군은 사쓰마번이 장악하게 되었는데, 이 후 일본 육군과 해군은 반목하며 그 끈질긴 라이벌 의식을 이 어나가게 된다.

　그러나 러일전쟁에 한정한다면 사쓰마번의 승리라 할 수 있 다. "육지의 오야마大山, 바다의 도고東鄕." 당시 일본 국민이 러일전쟁을 승리로 이끈 두 명장을 두고 했던 말이다. 쓰시마 해전에서 러시아 발트 함대를 격멸해 러일전쟁에 마침표를 찍은 도고 헤이하치로 제독, 그리고 만주군 총사령관으로서 육전에서 일본 육군을 이끈 오야마 이와오 원수. 이 둘은 모두 사쓰마번 출신이다.

오야마 이와오

　도고 제독에 비해 상대적으로 덜 알려져 있지만, 오야마 원수는 제2차 세계 대전에서 일본을 무릎 꿇린 맥아더Douglas MacArthur 원수도 인정한 명장이었다. 재미난 일화가 하나 있는데, 원폭 투하 후 일본을 점령한 미국은 연합군 최고사령부 General Headquarters, GHQ가 일본을 통치했다. 이때 미군은 과거 일본군 군인 동상이 군국주의의 상징이라며 모든 군인 동상을 폐기했는데, 이때 오야마의 동상은 맥아더 덕분에 살아남았다. 맥아더는 오야마를 나폴레옹과 비교할 정도로 높이 샀는데, 오야마의 초상화를 자택 거실에 걸어놓을 정도였다고 한다.

　오야마는 1870년 프러시아에 파견돼 보불 전쟁에 참전했고, 이후 프랑스에서 수학한 후 이를 기반으로 일본 육군 창설에 투신했다. 이후의 행보는 그야말로 근대 일본 전쟁의 선봉장으로서의 삶이었다. 청일전쟁 당시에는 육군 대장으로서 활약했고, 러일전쟁 때에는 육군 원수로서 만주군 총사령관으로 활약했다. 특히나 러일전쟁에서는 일본의 운명을 손에 쥐고 건곤일척의 승부를 봐야 했다.

이런 오야마에게 봉천회전은 일본의 모든 것을 쏟아 넣은 도박이었다. "이 회전은 승리하는 쪽이 전후의 주인이 될, 러일전쟁의 세키가하라다." 세키가하라 전투는 도요토미 히데요시豊臣秀吉 사후 도요토미 가문과 도쿠가와 이에야스德川家康가 일본을 놓고 벌인 일본 최대의 전투 중 하나였다. 이 전투의 승리로 도쿠가와 이에야스는 막부 체제를 만들고 260년간 일본을 통치하게 되었다. 즉, 오야마는 러시아와의 일전을 세키가하라 전투에 비교하며 일본군을 독려했던 것이다.

그의 말은 과장이었을까? 아니다. 봉천회전은 일본에게 있어서 세키가하라 전투와 마찬가지였다. 아니, 그 이상으로 중요한 전투였다. 세키가하라는 내전이었다. 패배하더라도 일본이란 나라는 존재했을 테고 다만 권력이 넘어갈 뿐이다. 그러나 봉천회전은 사정이 다르다. 상대는 세계에서 손꼽히는 강대국이다. 만약 이 전투에서 진다면 일본은 메이지 유신 이후 일궈온 근대의 모든 성취를 잃어버리고 흑선 개항 이전으로 돌아갈지도 모른다는 불안감에 휩싸여 있었다.

오야마, 아니 일본 국민에게 이 육전은 그야말로 일본의 모든 것을 건 도박이었다. 일본은 청일전쟁 당시에 받은 전쟁 배상금 3억 6000만 엔 중 2억 2000만 엔을 군비에 투자한 것으로도 모자라 1896년부터 1903년까지 일본 예산 세출의 평균 50퍼센트를 군비에 쏟아부었다. 일본 국민은 안 쓰고 안 입고 안 먹으며 모은 모든 것을 군비에 쏟아부었고, 지금 그 판돈을 전부 걸고 일전을 벌이려는 것이었다. 여기서 지면 일본은 모든 걸 잃을 것이다. 이 한 번의 전투로 일본의 운명이 결정되는 것이었다.

지상 최대의 전투

1813년 10월 16일에 있었던 라이프치히 전투. 나폴레옹의 운명을 결정지었던 이 대전투는 제1차 세계 대전이 발발하기 전까지 역사상 최대의 전투였다. 프랑스군만 19만, 이에 대항하

러시아군 포병

는 연합군은 무려 43만이 동원된 이 전투는 나폴레옹의 몰락을 가져온 전투답게 엄청난 스케일이었다. 경제력과 인구를 고려해볼 때 양측이 동원한 총 62만 명은 당시 유럽의 거의 모든 병력이었다고 해도 과언이 아니다. 그리고 그로부터 91년 뒤 그와 비슷한 규모의 전투가 벌어지려 하고 있었다.

일본군 25만, 러시아군 31만. 라이프치히 전투의 규모에는 못 미치지만 불과 두 나라가 끌어 모은 병력이었다. 그리고 산업혁명 이후 '근대의 힘'으로 무장한 병력들이 모여서 치른 전투란 점을 고려해볼 때 이 전투는 제1차 세계 대전의 프리퀄prequel로 볼 수도 있다. 실제로 이 전투에서 양군 모두 참호와 기관총의 결합이 어떤 위력을 발휘하는지 확인했다.

러일전쟁의 향방을 판가름 낸 봉천회전은 규모 면에서는 러일전쟁의 하이라이트라 할 수 있었다. 육전에서 만주에 있는 러시아군을 궤멸시키고, 해전에서 러시아 발트 함대를 쓰러뜨린다면 일본은 승리를 기대할 수 있었다. 100킬로미터에 이르는 광대한 전선을 사이에 두고 31만 러시아군과 25만 일본군이 서로를 노려보고 있었다. 전투가 벌어지기 전 대치 상황만 본다면 장대한 기동전을 예상해볼 만한 포진이었다.

실제로 일본군은 좌익의 제3군을 우회 기동시켜 러시아군을 포위 공격할 생각이었다. 일본군의 이런 공격을 러시아군도 충분히 예상하고 있었기에 일본군이 공격하기 전에 선공을 해 주도권을 빼앗으려 했지만 간발의 차로 일본군의 공격이 빨랐다.

이 대목에서 중요한 점이 러시아군의 대비였다. 분명하게 말할 수 있는 것은 러시아군 지휘부의 봉천회전 직전 예상, 봉천회전 발발 후 전투 지휘가 일본군보다 나았다는 점이다. 러시아군 총사령관 쿠로팟킨 대장은 일본군의 집결과 증강, 특히 러시아군 우익(일본 입장에서는 좌익)과 대치하고 있는 제3군의 움직임과 병력 증강을 확인한 후 일본군이 멀리 우회해 자신들의 옆구리를 칠 것이란 점을 정확히 예측했다.

사실 이는 거창한 전술이라기보다는 상식에 가깝다. 지형과 병력 배치만 보면 예상 가능한 일이었다. 문제는 시간과 장소였다. 일본군의 움직임을 확인해보면 조만간 그들이 움직일 것이란 점을 확인할 수 있었다. 러시아도 일본도 쫓기고 있는 것은 매한가지였기에 병력과 물자가 어느 정도 확보된다면 곧 움직일 것이 자명했다.

잠시 부대의 이동과 전투 준비에 대해 설명하자면, 소수의 부대라면 모를까 수만, 수십만 단위의 병력이 공세를 준비할 때에는 그 움직임이 드러날 수밖에 없다. 수많은 병력과 물자가 움직이기 때문이다. 그리고 이 움직임의 크기는 근대를 거쳐 현대로 넘어오면서 더 커졌다. 병력을 이동시키기 위한 차량이나 유류의 움직임, 포탄이나 보급품의 움직임, 병력의 이동과 주둔지의 변동 등등 너무도 많은 변화가 이루어지기 때문이다. 군의 이동은 비밀이라고 하지만 이 정도 규모의 병력이 이동하는 것을 눈치 채지 못하는 경우는 거의 없다. 더구나 그 움직임이 전투를 위한 것이라면 드러날 수밖에 없다. 남과 북이 대치하고 있는 오늘날 한반도의 경우에는 더더욱 명확하다. 국방부나 군 관련 기관이 말하는 '전쟁 징후'는 이러한 바탕에서 나오는 말이다. 전쟁이나 전투를 준비하는 부대는 그 징후가 드러날 수밖에 없다. 병력을 공세 개시점까지 이동시키고 그에 따르는 탄약, 식량, 연료, 장비 등도 따라 움직이기에 평소와 다른 병력 전개나 이동을 보면 전쟁 징후를 예측할 수 있는 것이다.

정치적 상황, 기후, 일본군의 움직임, 물자의 이동을 확인했을 러시아군이 조만간 일본군이 공격해올 것임을 예측하는 건 너무도 당연한 일이었다. 그렇다면 장소는 어디일까? 어디가 결전지가 될까? 그 해답도 나왔다. 정면 공격이 어렵다는 점을 러시아군은 경험으로 알고 있었다. 당장 전선의 길이가 100킬로미터나 됐고, 병력 규모도 비슷비슷하기에 한가운데를 뚫고 들어올 리는 없었다. 아울러 현대화된 장비(기관총과 중포) 앞에서 돌격이란 것이 얼마나 무의미한지도 잘 알고 있었다. 만약 일본군이 중앙을 공격한다면 러시아군으로서는 고마울 따름이었다. 따라서 상식적인 공격 방법은 러시아군 진지를 넓게 우회해 포위하는 것이었다.

그렇다면 어디로 올 것인가? 이 역시도 예측 가능했다. 바로 봉천역 서쪽 지역이다. 지형적으로 넓은 평야지대가 있는 봉천역 서쪽이 보병의 이동이나 병력 전개에 적합했기 때문이다(봉천역 동쪽 지역은 산악 지형이라 병력 전개나 이동이 어려웠다). 러시아군은 자신들을 포위하기 위해 기동하는 병력을 막아내거나 그에 맞춰 전선을 후퇴해 포위를 피한다면 이길 수 있다고 판단했다.

이미 러시아군은 일본군을 공격하기보다는 전쟁을 소모전 양상으로 끌고 가야 자신들에게 유리하다는 점을 알고 있었다. 쿠로팟킨 대장은 본국의 압박 속에서도 대규모 공세보다는 일본군에게 소모전을 강요하는 편이 낫다고 판단했고, 실제로 그렇게 병력을 운영하려 했다. 그렇다고 해서 수비만 생각한 것도 아니었다. 일본군 좌익(제3군)이 자신들을 공격하기 전에 먼저 제한적인 공격을 해 주도권을 잡고 일본군의 공세를 늦춰볼 계획을 고민하고 있었는데, 이를 실행하기 전에 일본군이 공격해온 것이다(그렇지만 쿠로팟킨이 러일전쟁 내내 보였던 소극적인 지휘는 비판받을 구석이 많다. 이해할 수 없는 병력 운영으로 일본군을 이길 기회를 몇 번이나 놓친 것은 변명의 여지가 없다).

일본군의 승부수

—

일본군의 전략은 간단했다. 아니, 생각이 없었다고 해야 할까? 당시 일본군의 작전은 구체적인 계획이라 하기에는 너무 단순했다. 작전을 짰던 마츠카와 토시타네松川敏胤 소장의 한계라고 해야 할까? 당시 작전참모였던 마츠카와 토시타네 소장은 육군대학 출신의 엘리트라고 자부했지만 실제 작전 수립 능력은 전무하다시피 한 인물이었다. 결국 그의 머리에서 나온 작전이란 건 "우익을 담당하고 있는 제1군이 러시아군 좌익을 위협해 병력을 묶어놓는 동안 압록강군은 러시아군 좌

마츠카와 토시타네

익을 공격한다. 중앙은 러시아군을 상대로 수비에 전념하고, 좌익의 제3군과 제2군이 러시아군 우익을 우회해 공격한다"는 것이었다.

25만 병력을 가지고 나라의 운명을 건 전쟁을 하는데 머릿속에서 나온 작전이 바로 이것이었다. 세세한 전술적 지시 같은 건 생각할 수도 없었다. 이 작전의 핵심은 간단했다. "오른쪽에서 시선을 끄는 동안 왼쪽에서 치고 들어가 포위 공격하라"는 것이다. 겉으로 보면 상식적인 이야기지만 구체적으로 들어가 보면 고개를 갸웃거릴 만한 사안이 많았다. 우선 왼쪽으로 치고 들어가는 부대의 역량이다. 제3군이 어떤 부대인가? 바로 얼마 전 병력의 태반을 203고지에 묻은 부대가 아니던가? 노기 장군의 '뻘짓'은 부차적인 문제였다. 병력과 장비를 보충했다 하더라도 병사들의 피로도를 생각해봐야 했다.

더 큰 문제는 일본군 우익에 있는 압록강군이다. 나라의 운명을 걸고 싸우는 전투였기에 일본은 끌어 모을 수 있는 모든 병력을 다 끌고 와 만주에 투입했다. 여기에는 조선에 주둔 중이었던 조선주차군도 포함돼 있었다. 이들을 차출해 압록강군으로 편성하여 만주 전선에 보낸 것이다. 여기까지는 상식선에서 진행되는 이야기다.

문제는 이들의 지휘권이었다. 일본군은 여기서 상식과 동떨어진, 아니 도저히 생각해낼 수 없는 '뻘짓'을 저질렀다. 그들 스스로 세키가하라 전투와 비교하며 일본의 운명을 건 전투라고 각오를 다졌건만, 여기서 다시 한 번 일본군의 고질적인 문제가 불거졌다. 바로 '파벌'이다.

조선에서 뽑아낸 병력이지만 만주 총사령부에 보냈으니 지휘권은 당연히 만주 총사령부로 넘기는 것이 당연한 상식이다. 그러나 이들 압록강군은 조선주차군에게 지휘권이 있다고 뻗댔다. 서로 합심해 러시아군과 싸워도 이길까 말까 한 상황인데 지휘권을 가지고 서로 싸운 것이다.

모든 문제는 한 사람의 '뒤끝' 때문이었는데, 일본 군국주의의 아버지이자 일본 육군 창설에 지대한 공을 세운 야마가타 아리토모가 만주군에 악감정을 가지고 있었기 때문이었다. 조슈번의 적장자라 할 수 있는 야마가타 아리토모는 당시 일본 육군의 모든 것이라 불려도 손색이 없는 명망과 전적을 가진 인물이었다. 그런데 그가 원했던 만주군 총사령관 자리에 사쓰마번 출신의 오야마 이와오가 앉게 되면서 이에 앙심을 품게 된 것이었다.

당시의 상식으로는 "육군은 조슈번, 해군은 사쓰마번"인데

야마가타 아리토모

조슈번의 적장자라 할 수 있는 야마가타를 제치고 사쓰마번의 오야마가 총사령관 자리에 앉다니 본인 스스로도 납득하기 어려웠을 것이다. 게다가 일본의 운명을 건 전투를 수행하는데 그 자리를 빼앗기다니 화가 났을 것이다. 하지만 아무리 그렇더라도 개인의 감정을 국가의 중대사에 결부시키는 건 말도 안 되는 일이다. 일본의 운명이 걸린 문제가 아니던가?

당시 압록강군은 갖은 핑계를 대며 지휘권을 넘기지 않으려 했고, 만주군 총사령부는 이런 압록강군을 보며 인상을 찌푸릴 수밖에 없었다. 결국 만주군 총사령부는 이들을 주전선에서 멀리 떨어뜨리려고 애썼고, 전선에 나서 공을 세울 기회를 사전에 차단하려고 했다. 야마가타도 작전에 개입하며 애초의 작전 계획을 방해하기 시작했다. 일본의 운명을 결정짓는 대회전 앞에서 벌어진 파벌 싸움이었다. 모든 것을 쏟아부어야 한다며 기껏 병력을 보냈지만 그 병력은 밥만 축내는 존재가 된 것이다. 뻘짓에도 정도가 있는데, 이 정도면 뻘짓이 아니라 국가를 위험에 빠뜨리는 매국 행위라 불러도 할 말이 없을 것이다. 일본이 봉천회전에서 승리한 것이 신기할 정도이다.

전투 개시
—

1905년 2월 21일 러시아군의 시선을 끌 양동 부대인 일본군 우익이 공격을 시작했다. 이들의 주목적은 러시아군의 예비 부대를 끌어내는 것이었다. 러시아군의 예비 병력을 최대한 끌어내면 주공인 일본 제3군이 러시아군 우익을 우회해 공격할 때 성공 가능성이 높아지기 때문이었다.

드디어 일본의 운명을 건 봉천회전이 시작됐다. 러시아군은 완강히 방어했지만 일본군 우익의 공격이 생각보다 강력했기에 예비 부대를 투입했다. 일본군이 원하던 방향으로 작전이 진행되는 듯했으나 전투는 일본군의 예상대로 흘러가지 않았다. 쿠로팟킨은 우익의 일본군이 노기 장군의 제3군이라고 판단하고(제3군에서 차출된 제11사단을 보고 그렇게 판단했다) 병력을 철수해 제2선에서 방어선을 펼치고, 예비 병력을 다시 뒤로 돌렸다.

3월 1일 본 게임이 시작되었다. 일본군이 보유한 모든 포가 불을 뿜었다. 뤼순항 공략 때 활약했던 280밀리미터 포까지 동원해 러시아군을 두들기기 시작했다. 제3군의 우회 기동을 감추기 위한 포격이었다.

일본군 좌익을 담당한, 공세의 주력이었던 제2군과 제3군은 러시아군을 향해 맹진했지만 러시아군은 호락호락하지 않았다. 제2군은 러시아군과 교전 상태에 들어갔지만 다시 한번 '근대의 힘' 앞에 무너져야 했다. 지난 5개월 가까이 서로를 노려보고 있었던 상황이었기에 이미 러시아군 진지는 제1차 세계 대전의 참호선을 연상시킬 정도로 촘촘하고 튼튼하게 구축돼 있었다. 여기에 기관총과 철조망, 중포로 무장한 병력들이 대기하고 있었다.

결국 3월 1일 하루만에 4679명의 사상자를 내고 일본군은 패퇴했다. 그러나 여기서 체념할 이유는 없었다. 일본군의 핵심은 좌익을 맡은 노기 장군의 제3군이었다. 제3군을 제외한 일본군이 최대한 러시아군의 시선을 빼앗는 사이 제3군이 봉천 방면까지 진군해 러시아군의 목줄만 틀어쥔다면 러시아군은 포위 섬멸될 것이었다.

그런데 한 가지 의문은 뤼순항 공략전에서 노기 장군의 졸전을 보고서도 그에게 가장 중요한 임무를 맡겼다는 점이다. 상식적으로 봤을 때 노기 장군의 지휘력에 의문을 품는 것이 당연했다. 게다가 뤼순항 공략전에서 지칠 대로 지친 제3군에게 최전선의 막중한 임무를 맡겼다는 점 또한 이해하기 어렵다. 제3군은 이미 뤼순항 공략전에서 병력의 40퍼센트를 잃었다. 더군다나 제11사단이 빠져나가 압록강군에 편입됐으니 실제 전력은 처음 러일전쟁에 투입되던 때에 비해 절반 수준이었다.

그러나 제3군은 이런 우려를 뛰어넘는 대단한 활약을 보였다. 1905년 2월 27일 노기 장군의 제3군은 우회 기동에 들어갔다. 노기 장군은 뤼순항 공략전에서의 실패를 씻기 위함인지 용맹하고 과감하게 작전에 뛰어들었다. 그러나 이미 일본군의 수를 내다본(모르는 게 더 이상하겠지만) 러시아군은 제3군의 이동에 발맞춰 예비대를 투입해 일본군의 우회 기동을 막아섰다. 사실 포위하는 일본군보다 이를 막아서는 러시아군이 병력상 우위에 있었다. 본디 포위란 것은 병력이 많은 쪽이 시도하는 게 아니던가?

상식적으로 봉천회전은 러시아군이 이겨야 하는 전투였다. 그러나 러시아군 지도부의 혼선과 러시아군의 사기 저하가 문제였다. 거기에 일본군 지휘부가 처음으로 제대로 된 판단과 결정을 한 것이 결정타로 작용했다.

노기 장군의 제3군이 단독으로 140킬로미터를 우회해 봉천 후방 70킬로미터 지점의 철령鐵嶺을 점령하는 것이 작전의 핵심이었는데, 이는 말도 안 되는 작전이었다. 러시아군보다 병력이 많은 것도 아닌 상황에서 단독으로 140킬로미터를 우회해 러시아군의 뒤를 노린다는 것은 불가능에 가까웠다. 예상대로 전투가 벌어지자 러시아군은 예비대를 동원해 노기 장군의 제3군을 막아서기 시작했고, 더 이상의 진출은 어려워 보였다. 그나마 제2군의 견제가 있었기에 제3군이 우회 기동을 할 수 있었지만 철령까지의 기동은 사실상 힘든 상황이었다.

이때 노기 장군은 결단을 내렸다. "철령까지의 진군은 현실적으로 어렵다. 차라리 대석교大石橋를 동쪽으로 돌아 봉천으로 나아가겠다." 일본군을 살린 결단이었다. 다른 일본군 부대와 떨어져 홀로 철령까지 진군한다는 것 자체가 무리였고, 설사 진군한다 하더라도 아군 부대와 연계할 수 없기에 오히려 포위당할 수도 있었다. 이런 위험을 무릅쓰지 말고 옆에 있는 제2군과 연계하면서 포위해나가겠다는 것이다. 물론 포위망이 작아지겠지만 실현 불가능한 작전보다는 훨씬 성공 가능성이 높았다.

이 판단은 정확했다. 당시 러시아군은 포위에 대한 부담으로 병력을 뒤로 물려 전선을 축소하고 있었다. 그런데 현장의 냉정한 판단과 달리 만주군 총사령부의 판단은 역시나 상식 밖이었다. "사령부가 만든 작전을 무시하는 것인가? 그렇게 되면 총사령부의 체면이 뭐가 되는가?" 체면, 파벌, 위신 등등 근현대의 일본군을 살펴보면 지금의 상식으로는 도저히 이해할 수 없는 일들이 넘쳐났다. 그나마 이때는 다행스럽게도 총사령부가 뜻을 굽혔다. 위신상 애초의 작전 명령인 철령 점령을 철회할 수는 없지만, 봉천으로 우회하겠다는 현장의 판단을 인정한 것이다. 어쨌든 일본군을 살린 결정이었다.

이렇게 일본군이 포위망을 축소해 러시아군을 압박하자 러시아군은 이에 대응하여 자신들을 압박해오는 제3군을 역포

위해서 섬멸하려는 작전을 짰다. 그런데 러시아군은 제3군이 대석교 쪽으로 진군해오자 그만 '돌격'해버렸다. 일본군보다 최소 두 배 이상(전투 초기에는 네 배 이상) 많은 병력을 가지고 있었으면서도 병력을 한 데 모아 '우라 돌격'(우라Ура는 '만세'를 뜻하는 러시아어)을 한 것이다. 203고지 전투의 재판이라고 해야 할까? 결국 일본군은 손쉽게 러시아군을 학살할 수 있었다.

일본군 제3군의 활약을 보면서 쿠로팟킨은 주력 부대의 투입을 주저하게 되었다. 만약 이대로 주력 부대까지 투입했다

후퇴하는 러시아군

가 일본군에게 밀린다면 그 뒤의 상황을 예측할 수 없기 때문이었다. 당시 제3군의 활약은 눈부셨다. 자신들보다 세 배나 많은 러시아군을 뚫고 계속 전진했던 그 뚝심이 일본군을 살렸다. 물론 당시 일본군 사령부는 제3군의 활약을 폄하했다.

여기서 한번 생각해봐야 하는 것이 봉천회전에 대한 일본군과 러시아군의 인식 차이다. 일본군은 봉천회전을 "일본의 운명을 건 세키가하라 전투"라며 모든 것을 건 한판 회전이라 생각했지만 러시아군은 생각이 달랐다. 그들의 생각은 이랬다. "시간을 끌어 일본군을 묶어두고 소모전을 강요하면 된다. 국력 면에서 우리가 앞서 있고, 본국에서 본격적으로 전쟁에 뛰어들면 일본 정도는 언제든 무찌를 수 있다. 다만 지금은 보급 문제 때문에 고전하는 것일 뿐이다. 본국의 증원이 있을 때까지 최대한 병력을 보존하고 일본군을 갉아먹으면 된다." 싸움에 임하는 각오와 방향이 달랐던 것이다.

쿠로팟킨은 여기서 무리해 병력과 만주에서의 근거지를 날려버리는 것이 두려웠다. 결국 러시아군은 미련 없이 봉천 방면에서 병력을 철수시켰다. 러시아군이 후퇴하려는 기색을 보이자 일본군은 그제야 양익 기동을 통한 포위 작전에 들어가려 했다. 하지만 이미 러시아군 주력이 물자와 병력을 차곡

차곡 정리해서 전선에서 빠져나가고 있는 상황이었다.

봉천회전의 최고 수훈 부대는 일본군 좌익에서 포위 기동을 했던 제3군이었다. 언제나 2~4배나 많은 러시아군을 상대로 용전분투하며 애초의 작전 계획을 실현하려 애썼고, 실제로 상당한 성과를 거뒀다. 그들에게 봉천회전은 뤼순항 공략전의 실패를 만회한 전투였다. 실제로 봉천회전은 일본군 좌익을 맡은 제2군, 제3군이 대부분의 러시아군을 상대했던 전투라고 할 수 있다. 나머지 일본군은 초반의 양동 공격을 제외하고는 별다른 활약이 없었고, 전투 막바지 러시아군이 퇴각하는 시점에서 포위 기동을 하긴 했지만 포위망을 완성하기 전

봉천회전 직후 일본군 제1사단 점호

에 러시아군이 퇴각하면서 전투가 끝나버렸다. 어쨌든 봉천
회전은 일본군이 승리한 전투였다.

어쨌든 승리

일본군 25만, 러시아군 31만이 격돌한 봉천회전은 애초에 병
력 수가 적은 일본군이 거꾸로 러시아군을 포위하려고 시도
했다는 점부터 특기할 만한 전투였다. 절체절명의 상황에서
러시아군을 격멸하기 위한 가장 확실한 방법이긴 했지만, 작
전을 세우는 것과 그것을 실행하는 것은 엄연히 차원이 다른
일이다. 사실 봉천회전은 "일본군 지휘부가 러시아군 지휘부
보다 삽질을 덜해서 이긴 전투"였다. 일본군도 실수를 많이
했지만 러시아군이 실수를 너무 많이 하는 바람에 얼떨결에
이긴 전투라고 할 수 있다.

　일본군을 무시하듯 이야기했지만, 사실 일본군 입장에서는
'변명'의 여지가 있었다. 메이지 유신 전후로 일본은 수많은
전쟁을 치렀다. 근대 일본은 내전으로 만들어진 국가가 아니
던가? 그 이후에도 일본은 전쟁 혹은 전쟁에 준하는 여러 외

봉천에 입성하는 오야마 이와오

교적 충돌을 겪었다. 그러나 이렇게 치른 전투나 전쟁은 많아
봐야 고작 수만 단위의 병력을 움직인 게 다였다.

봉천회전 이전까지 일본은 근대의 힘으로 무장한 60만 가
까운 병력이 모여 전투를 벌인 경험이 없었다. 근대전에 대한
경험도 부족했다. 그러나 전쟁을 제외한 다른 분야에 있어서
는 최상의 실력을 보여줬다. 전쟁의 성격을 규정하는 판단력,
전쟁의 전략적 목표를 설정하는 눈, 외교적 시선으로 전쟁을
조망하는 외교력 등에서 일본군 지도부는 러시아군을 압도했
다. '정치군인'이라고나 할까?

물론 객관적 수치를 보면 봉천회전을 과연 일본의 승리로 볼 수 있는지 의문이 든다. 러시아군 사상자는 9만 명 수준이었는데, 일본군 사상자 역시 7만 명을 넘어섰다. 3만 명 가까운 러시아군 포로를 확보했다 하지만, 애초에 러시아군을 격멸하겠다는 전략적 목표는 달성하지 못했다는 점까지 고려한다면 섣불리 일본의 승리라고 단언할 수는 없다.

그럼에도 러시아군을 봉천에서 몰아냈다는 점은 인정해야 할 것이다. 서로 비슷한 사상자를 낸 상태에서 러시아군이 물러났으니 어쨌든 승리라고 말할 수는 있다. 그리고 이 승리를 통해 일본군은 자신의 한계를 다시 한 번 뼈저리게 통감하게 되었다. 이는 크게 두 가지로 압축해볼 수 있다.

첫째, 일본은 근대전의 핵심이라 할 수 있는 총력전에서 밀릴 수밖에 없다는 사실이다. 근대의 힘은 산업생산력에서 나온다. 그런데 일본의 국력은 이런 대규모 전투를 벌이기에는 부족했다. 고질적인 포탄과 탄약 부족이 다시 불거졌다. 뤼순항 공략전에서 이미 한차례 증명됐듯이 일본은 근대전을 수행하기에는 생산력에서 밀릴 수밖에 없었다.

둘째, 지휘부의 지휘력 부족이다. 만약 러시아군이 삽질을 하지 않았다면 일본군은 봉천회전에서 승리할 수 있었을까?

대석교와 유가와붕劉家窩柵에서 러시아군이 상식적으로만 생각하고 행동했더라면 일본군이 이길 수 있었을까? 일본군 지도부의 오판을 보면 과연 일본군이 근대전을 치를 수 있을까 하는 의구심마저 든다.

그럼에도 일본은 불완전하나마 승리를 거두었다. 러시아군이 병력은 많았지만 병사 개개인의 자질로 보자면 일본군이 러시아군을 압도했다. 전쟁에 임하는 목적의식 또한 명확했다. 러시아는 '사회의 불만을 외부로 돌리는 것도 나쁘지 않다'는 지도부(차르)의 가벼운 판단으로 전쟁에 임했기에 병사 개개인은 전쟁의 이유를 몰랐다. 아울러 '피의 일요일' 사건을 통해 차르 정권에 의구심을 품게 되었다. 그러나 일본은 온 국민이 삼국 간섭 이후 러시아를 자신들의 적으로 명확히 규정했고, 그들을 물리치기 위해 온갖 노력을 다했다.

완전하진 않지만 또 한 고비를 넘긴 일본. 이제 그들은 러일 전쟁의 승리를 위한 마지막 전투를 바다로 넘기게 됐다.

08

폭풍전야

발트 함대는 일본의 연합 함대와 싸우기 전 기항지와 보급품 확보를 위해 사투를 벌여야 했다. 프랑스령 다카르에 기항할 때까지만 해도 순조로워 보였던 여정이었지만, 인도양에 접어들면서부터 미묘한 방향으로 흘러갔다. 뤼순 요새의 함락으로 우선 목표가 일본 해군의 격멸이 아니라 '선先 함대 보전'으로 바뀐 것이다. 뤼순항으로 들어갈 수 없으니 우선 블라디보스토크로 들어가 휴식과 정비를 취한 다음 일본 해군에 대한 공격을 생각해야 했던 것이다. 이는 너무도 당연한 결론이다. 220일 동안 지구 둘레의 4분의 3에 가까운 거리를 항해해온 함대가 아닌가? 배는 멀쩡하다 하더라도 함대의 수병들은 이미 지칠 대로 지친 상태였다.

이런 상황에서 다시 발목을 잡은 것이 기항지였다. 석탄을

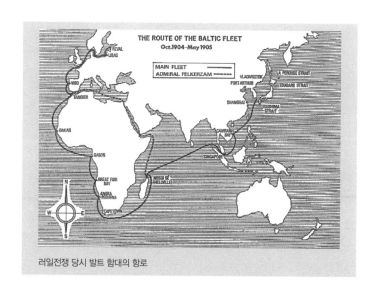

러일전쟁 당시 발트 함대의 항로

보급받고 노지베를 출발했지만 인도양과 남중국해는 이미 영
국의 뒷마당이나 마찬가지였다. 그나마 희망을 품을 수 있었
던 것이 프랑스령 인도차이나(베트남)였다. 인도차이나의 캄
란항에서 겨우 한숨을 돌리고 보급품과 식수, 식품을 조달할
수 있었지만 충분치는 않았다. 결국 캄란항에서 90킬로미터
떨어진 반퐁에서 석탄을 좀 더 보급받았지만 이 역시도 충분
하다고 말하긴 어려웠다. 이후 남중국해를 통과해 일본 본토
에 다다를 무렵에는 배 안의 목재 가구를 모두 갑판으로 끌어
올려 땔감으로 썼다. 《손자병법》의 이일대로以逸待勞(적이 지칠

때까지 편안하게 기다린다) 전략에 이만큼 적확한 예가 또 있을까? 발트 함대는 전투를 벌이기도 전에 이미 승기를 놓친 상황이었다.

가난한 일본이 쥐어짜낸 전함들
—

《언덕 위의 구름》을 보면 곳곳에 '일본은 가난하다'라는 말이 쓰여 있다. 실제로 일본은 가난했다. 그럼에도 불구하고 일본은 '안 마시고 안 먹으며' 군함의 건조비를 충당했다. 당시 기술력과 산업 기반에서 뒤처진 일본은 군함의 80퍼센트를 영국에서 수입해 사용했다. 가뜩이나 비싼 군함을 영국에서 수입하려니 일본 경제에 엄청난 부담이었다. 러일전쟁의 하이라이트라 할 수 있는 쓰시마 해전에서 활약한 시키시마, 하츠세, 미카사 세 척의 가격만 5851만 4000엔이었으니(당시 일본의 세출이 1억 엔 내외였다) 얼마나 대단한 출혈이었는지 짐작할 수 있을 것이다.

이는 모든 열강의 고민이기도 했다. 당시는 '바다를 지배하는 자 세계를 지배한다'는 분위기였다. 맞는 말이었다. 바다를 지배하지 못한다면(혹은 최소한의 제해권을 확보하지 못한다면) 해외로 뻗어나갈 수 없고, 해외로 뻗어나가지 못한다면 식민지를 건설할 수도 유지할 수도 없게 된다. 그리고 이는 필연적으로 국력의 쇠퇴로 이어진다는 것이 당시의 상식이었다. 일본역시 마찬가지였다. 그들의 논리는 이랬다. "19세기 말 20세기 초의 세계는 제국이 되든가 식민지가 되든가 둘 중 하나의길밖에 없다. 살아남으려면 뻗어나가야 하고, 뻗어나가려면다른 열강들처럼 강한 해군이 필요하다!"

정치적 해석은 각자의 관점에 따라 다르겠지만, 적어도 군사적 측면에서 보자면 해군은 반드시 필요했다. 더구나 흑선(일본을 반강제로 개항시킨 미국의 군함) 트라우마를 경험한 일본에게 해군은 곧 생존의 문제였다. 일본의 해안선 길이만 2만9751킬로미터다. 이를 육군만으로 다 방어할 수는 없다. 아니, 방어 자체가 불가능하다. 바다로부터 쳐들어오는 외적을막기 위해선 바다로 나가 싸워야 했다. 다시 한 번 흑선과 같은 경험을 하지 않기 위해서라도 해군을 키워야 했다. 흑선의등장 이후 일본이 서양의 해군력을 쫓아가기 위해 배를 사들이고 선원학교를 열어 학생들을 가르치는 데 열을 올렸던 이유가 바로 여기에 있다.

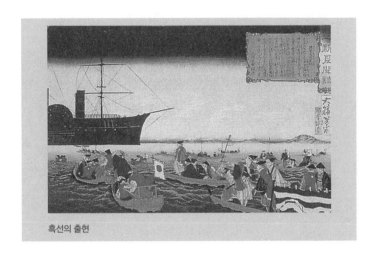
흑선의 출현

메이지 유신 이후의 일본 근대화 과정은 어쩌면 해군 육성의 역사라 볼 수 있을지도 모른다. 청일전쟁 승리로 받아낸 배상금, 이후 삼국 간섭으로 똘똘 뭉친 일본 국민의 반反 러시아 정서는 일본 해군 확충의 원동력이 되어주었다. 결국 일본은 '안 먹고 안 마시며' 군함을 만들어냈다(당시에도 그 이후에도 전함은 비싼 물건이었다. 1921년에는 국가 예산의 30퍼센트를 전함 건조에 투입했을 정도였다). 이렇게 피땀 흘려 만들어낸 전함이 이제 곧 그 효용을 증명하려 하고 있었다.

세계 최대 해전의 서막

—

러일전쟁의 전비는 총 19억 8400만 엔. 당시 영국과 미국이 12억 엔을 지원하긴 했지만 아무리 영국과 미국이라도 화수분은 아니었다. 이 상태로 조금만 더 갔다간 일본 정부는 파산을 선언해야 할 지경이었다. 이 위기에서 일본을 구해준 것이 쓰시마 해전이었다. 쓰시마 해전 덕분에 사실상 러일전쟁은 끝이 났다.

세계의 이목이 집중됐던 러일전쟁의 피날레를 장식한 전투인 쓰시마 해전은 수많은 군사 전문가의 시선을 잡아끌었다. 근대의 힘으로 무장한 전함들이 최초로 대규모 해전을 벌인 것이었기 때문이다. 이전에도, 이후 10여 년 동안에도 이런 대규모 해전은 없었다. 제1차 세계 대전의 유틀란트 해전이 있기 전까지 쓰시마 해전은 '세계 최대 해전' 타이틀의 주인공이었다.

세계의 군사 전문가들은 손에 땀을 쥐며 이 해전을 기대했다. 일본인들이 목숨 걸고 '찍어낸' 전함들의 실력이 어느 정도 되는지 궁금해했다. 그리고 러일 해전은 각국 해군 관계자들에게 많은 교훈을 안겨줬다.

쓰시마 해전 덕분에 세계 해군 건함의 역사는 전혀 새로운 방향으로 흘러갔다. 쓰시마 해전 직전의 전함들은 철갑으로 무장하고, 대규모 함포를 달고, 증기의 힘으로 바다를 가르는 정도에서 만족했다. 실험적 성격이 강한 프로토타입 전함들의 향연이었다고 할 수 있었다. 대구경 함포뿐만 아니라 선체 여기저기에 빽빽이 소구경 부포를 우겨 넣기 바빴다. 쓰시마 해전은 과연 이런 무장 형태가 올바른 것인가에 대한 해답을 보여줬다. 쓰시마 해전의 전술(분명히 '삽질'이었지만)을 확인한 영국의 피셔John Fisher 제독은 이에 영감을 받아 '신개념 전함'

영국 전함 드레드노트

의 아이디어를 구체화했고, 그 결과 전 세계에 충격과 공포를 안겨준 드레드노트Dreadnought를 만들어냈다.

그리고 독도
—

전 세계인들이 러시아와 일본의 마지막 혈투를 기대하고 있던 그때, 정작 그 '무대'가 돼주었던 중국(청)과 한국(대한제국)은 완전히 소외되었다. 특히 한국의 경우 21세기까지 이어지는 엄혹한 영토 침탈의 시발점이 되는 사건이 터지게 된다.

1894년 일본인 사토 교스이佐藤狂水는 울릉도를 탐방한 뒤 시마네 현의 지역 신문인 《산인신문山陰新聞》에 울릉도 탐방기를 발표했다. '조선 죽도 탐방기'라는 제목의 이 탐방기에는 다음과 같은 내용이 실려 있었다.

"본 섬은 팔도 중의 하나인 강원도에 속하는 섬으로, 본명은 울릉도라고 한다. 본방인(일본인)은 죽도라고 말한다. 내지에 있는 울진에서 350간리에 위치해 있고, 순풍이면 2일 만에 도달할 수 있다고 한다."

"죽도는 오키隱岐에서부터 서북쪽으로 80여 리 되는 바다 가운데 고립해 있다. 배를 빨리 해 50여 리에 다다랐을 때 외로운 섬이 하나 있었다. 일반적으로 이 섬을 리앙코 섬이라고 부른다."

여기서 당시 일본은 울릉도를 '죽도'라고 불렀음을 확인할 수 있다. 그때까지 일본인들은 울릉도를 죽도竹島(다케시마), 독도를 송도松島(마츠시마)라 불렀다. 그런데 1905년 2월이 되면 정말 생뚱맞은 일이 벌어지게 된다.

"오키의 신도는 북위 37도 9분 3초 동경 131도 55분에 있으며, 오키섬으로부터 서북 85해리의 거리에 떨어져 있다. 이 섬을 죽도라고 칭하고, 지금부터 오키 도사(오키섬의 행정 책임자)의 소관으로 정한다고 현지사로부터 고시해졌다."

– 1905년 2월 24일 《산인신문》

《산인신문》에 2단짜리 짤막한 기사가 올라왔다. 독도가 시마네 현에 편입됐다는 내용이었다. 재미난 사실은 불과 10년 전에 송도, 즉 마츠시마라 부르던 섬을 다케시마로 개명해 자기네 영토에 불법적으로 편입했다는 것이다. 조선 시대 내내 일본은 독도에 대한 야욕을 품고 있었는데, 안용복을 비롯해 우리 선조들의 단호한 대처에 밀려 그 야욕을 꺾을 수밖에 없었다.

여기서 주목해야 할 것은 일본이 동해 한가운데 있는 두 섬, 그러니까 울릉도와 독도에 대한 욕망 때문에 애꿎은 섬들의 이름을 뒤바꾸고, 심지어 제3의 섬을 등장시키기도 했다는 점이다. 1667년의 기록을 보면 일본인들이 울릉도는 죽도, 독도는 송도라고 불렀음을 확인할 수 있다. 여기서 재미난 사실은 조선이 끝까지 울릉도와 독도를 지키려 하자 '죽도'란 가상의 섬을 만들어 울릉도와 독도 사이 어디쯤 있다며 거짓말을 했다는 것이다. 그런데 어째서 멀쩡했던 죽도와 송도의 이름이 뒤바뀌었던 걸까?

1880년에 일본은 군함 천성호를 울릉도 인근 해역에 파견했다. 천성호의 임무는 이 지역을 정밀 측량하는 것이었는데, 이때 난감한 상황이 발생했다. 분명 울릉도를 찾아간 것이 맞는데 지도와 대조해보니 송도, 즉 독도의 위치였던 것이다. 결국 이때부터 울릉도는 죽도 대신에 송도로 불리게 된다. 그럼 독도는 어떻게 됐을까? 일본은 뭔가 '중립적'인 느낌이 나는

이름을 가져다 붙이는데, 바로 '리앙코 섬'이다. 이 리앙코 섬의 연원을 따지자면 1849년까지 거슬러 올라가게 되는데, 그해 프랑스의 포경선 리앙쿠르 호가 독도를 발견하고는 이를 처음으로 국제 해도에 올렸다. 이때 배 이름을 따 리앙쿠르 암礁이라는 이름이 나온 것이다. 일제 강점기 시절 일본 내에서도 독도를 리양코시마リャンコ島라 적는 사람들이 꽤 있었다. 즉, 일제 강점기 시절 일본에서는 독도를 죽도와 리앙코 섬이라 병기해서 불렀다는 말이다.

우리가 주목해야 할 점은 독도의 침탈이 러일전쟁, 구체적으로 말하자면 쓰시마 해전 때문에 기획, 실행됐다는 사실이다. 쓰시마 해전 직전 도고 헤이하치로 제독이 휘하의 함대를 진해만에 집결시킨 걸 보면 독도의 침탈과 활용 정도는 별것 아닌 걸로 보일 수도 있겠지만, 1905년 2월 22일 러일전쟁이 막바지로 접어들던 그때 독도를 일본제국 시마네 현에 강제로 편입시킨 배경에 군사적 목적이 있었다는 점은 오늘날 일본의 독도 영유권 주장이 얼마나 허황된 것인지 증명할 수 있는 근거가 될 수 있다.

일본은 1898년 4월 쿠바에서 벌어진 미국과 스페인의 전쟁에 해군 장교 아키야마 사네유키를 파견했다. 이때 아키야마는 미국의 승리 뒤에 통신과 해저 케이블이 있다는 사실을 간파했다. 당시 미 해군은 각 전함에 무선 전신 장비를 탑재하고 실시간으로 정보를 취합해 명령을 내림으로써 스페인 해군을 완벽하게 제압했다.

전쟁을 참관한 아키야마는 1899년 6월 본국으로 돌아와 당시 외무대신에게 장차 있을 러시아와의 전쟁에 대비해 무선 통신 기술 확보와 망루 설치를 제안했다. 여기서 망루란 전투 지휘를 위한 것이었는데, 이때 그 대상으로 지목된 곳이 한국의 울진, 울산, 제주도, 거문도, 울릉도, 독도였다. 이곳에 망루와 해저 케이블을 설치해 동해상에 하나의 '덫'을 놓자는 것이었다. 이 계획은 석 달 만에 통과되었다. 이는 아키야마만의 생각이 아니었다. 쓰시마 해전의 영웅 도고 헤이하치로 역시 "동해에서는 독도, 서해에서는 풍도를 차지해야 한다"며 두 섬의 가치를 높게 평가했다.

풍도는 서해의 다른 섬과 달리 갯벌과 해수욕장이 없고 항시 수심이 깊어 큰 배들이 정박하기에 좋은 천혜의 항만 조건을 가지고 있으며, 서해상에서 배들의 출입을 감시하기에 최적의 위치에 있다. 이미 조선 말기 이양선의 출몰 지역으로 정평이 난 곳이었고, 지금도 이곳에는 한국군의 레이더 기지가 설치돼 있다. 풍도에 가봤다면 알겠지만, 하루에도 수백 척의 배들이 풍도 앞바다를 지나간다. 그 모습을 30분 정도만 바라보면 서해상에서 풍도가 갖는 전략적 위치를 확인할 수 있을 것이다.(안타까운 점은 정말 아름다운 섬이었는데 개발 등쌀에 밀려 지금은 골자재 채취를 위해 섬 한쪽이 무너져 내렸다는 것이다. 청일전쟁, 러일 해전의 무대였다는 점에서도 한 번쯤 방문해볼 만한 섬이다.)

일본은 자신들의 군사적 목적을 위해 이미 1899년부터 독도에 대한 야욕을 불태웠고, 러일전쟁이 한창 진행 중이던 1904년 9월 25일 해군 군령부 주도하에 독도를 조사했다. 그리고 1905년 2월 22일 불법적으로 시마네 현에 독도를 편입시키더니 쓰시마 해전이 끝나고 두 달 뒤인 1905년 7월 25일에는 독도에 망루를 설치했다.

일본이 왜 하필 1905년에 독도를 자국 영토에 편입했는지 그 이유를 알겠는가? 이 당시 대한제국은 나라가 아니었다.

09

쓰시마 해전

220일간 2만 9000킬로미터를 항해해온 러시아 발트 함대. 애초의 목적이었던 극동 함대와의 합류가 물거품이 되자 그들의 목표는 블라디보스토크로의 무사 귀항이 되었다. 목표가 단순해져 선택지도 단출해졌을 것 같지만 여기에는 몇 가지 난점이 있었다. 바로 보급품(연료)의 한계, 그리고 일본 해군을 피해 갈 수 있는 항로의 선택이었다.

반퐁항에서 추가로 연료를 보급받았다고 하나 충분치 않은 상황이라 연료 낭비를 최소화한 상태에서 블라디보스토크로 올라가야 했다(블라디보스토크로 항로를 잡을 무렵에는 배 안의 목재 가구를 다 끌어내 장작을 만들 정도로 연료 상황이 심각했다). 하지만 '기다리고 있는' 일본 해군이 문제였다.

1905년 1월 뤼순 요새를 함락하고 나서 도고 헤이하치로는

전함 미카사

한숨을 돌릴 수 있었다. 최악의 상황이라고 할 수 있는 극동 함대와 발트 함대의 합류를 막아낸 일본 해군은 대대적인 정비와 수리, 훈련을 통해 발트 함대와의 일전을 준비하고 있었다. 당시 도고 헤이하치로의 기함이었던 미카사는 1년치 포탄을 10일 동안의 연습 사격에 다 소모할 정도로 준비를 철저히 했다. 말 그대로 '나라의 운명을 건 일전'이었던 것이다(한국전쟁 당시 낙동강 방어선이 뚫렸다고 가정해보라). 당시 도고 헤이하치로뿐 아니라 전 세계 군사 전문가들의 정세 분석은 동일했다. "발트 함대가 블라디보스토크로 들어가는 순간 일본은 러시아와의 전쟁에서 절대 이기지 못한다."

영국마저도 움찔할 정도의 전력에다가 표트르 1세 이후 수백 년간 러시아의 가장 막강한 해상 전력으로 군림해온 발트 함대. 수병들의 숙련도는 영국 해군과 비견될 정도였고, 지휘관이었던 로제스트벤스키 제독은 자타가 공인하는 러시아 최고의 해군 지휘관이었다. 220일간의 항해 동안 단 한 척의 낙오도 없이 1만 6000해리를 달려왔다는 것만으로도 그의 지휘력은 인정받아 마땅하다. 러시아 해군 내에서의 인망도 대단했는데, 평소 생활이 곤궁한 부하들에게 자신의 월급을 건네줄 정도라 그에 대한 수병들과 장교들의 존경심도 대단했다.

문제는 220일간의 긴 항해였다. 전함은 큰 피해는 없었지만, 그래도 정비가 필요한 시점이었다. 수병들도 문제였다. 220일간의 긴 항해로 심신이 극도로 지쳐 있었다. 이 상태로는 전투는 고사하고 블라디보스토크까지의 항해도 자신할 수 없었다. 이제 이들 앞에 놓인 선택지는 단 하나, 일본 해군을 피해 블라디보스토크에 입항하는 것뿐이었다. 문제는 일본 해군이 이를 가만히 지켜보고만 있을 리 없다는 것이었다. 만약 이 상태에서 일본 해군과 전투를 벌인다면 상당히 불리할 것이란 건 누가 봐도 자명한 사실이라 발트 함대는 일본 해군을 피해 블라디보스토크까지 갈 수밖에 없었다.

블라디보스토크로 향하는 항로는 세 개였다.

1. 한국과 일본 사이의 대한 해협과 쓰시마 해협
2. 혼슈와 홋카이도 사이의 쓰가루 해협
3. 홋카이도와 사할린 사이의 소오야 해협

당시 일본 해군에는 이 세 개의 예상 항로를 다 틀어막을 전력이 없었다. 예상 항로를 모두 방어하겠다고 함대를 쪼갰다가는 발트 함대에 각개격파 당할 확률이 높았다. 일본도 세 개의 예상 항로 중 하나를 골라서 모든 전력을 투입해 발트 함대와 일전을 벌여야 했다. 러시아와 일본의 가위바위보 싸움이라고 해야 할까? 당시 기함인 수브로프에 모인 발트 함대의 참모와 주요 지휘관들은 세 개의 대안을 놓고 갑론을박했다.

"안전하게 소오야 해협으로 가야 합니다!"

"적의 허를 찌르는 강행 돌파가 가장 확률이 높습니다. 큐슈, 시코쿠, 혼슈 연안을 공격하면서 쓰가루 해협을 통과해야 합니다."

당시 발트 함대 참모들의 의견은 거의 대부분이 대한 해협과 쓰시마 해협을 지나가는 항로였다. 연료 사정과 수병들의 피로를 고려한다면 블라디보스토크까지 최단 거리를 선택하는 편이 가장 합리적이었기 때문이다. 함대 지휘관이었던 로제스트벤스키 제독 역시 이에 동의했다.

하지만 일본 해군도 바보는 아니었다. 일본은 발트 함대의 예상 항로를 예측하기 위해 촉각을 곤두세우고 발트 함대의 행방을 수소문하고 있었다. 역시나 '석탄'이 문제였다. 발트 함대가 연료 확보에 골머리를 앓았던 터라 일본 해군은 석탄 보급선을 추적하는 데 열을 올렸다. 일본의 추적에 로제스트벤스키 제독은 기만책을 사용했다. 함대 일부를 빼내 상선 단속 활동을 벌이며 일본 해군의 신경을 분산시키려 했다. 즉, 미끼를 던진 것이었다.

도고 헤이하치로의 승부수
—

당시 일본 해군은 발트 함대가 안전하게 소오야 해협 아니면 대한 해협으로 항로를 잡을 것이라고 판단했고, 소오야 해협으로 가닥을 잡아가고 있었다. 모든 참모들이 소오야 해협으로 의견을 모아가던 그때 홀로 대한 해협 – 쓰시마 해협 항로를 주장한 이가 있었다. 바로 도고 헤이하치로 제독이었다. "220일간 1만 6000해리를 달려온 함대다. 최단거리 항로를 염두에 둘 수밖에 없다. 아울러 허의 허를 찌른다는 전략상의 술책도 고려해야 한다."

도고 제독은 함대를 (아직까지는 대한제국인) 진해에 배치했다. 그러나 하루 이틀 시간이 지나도 러시아 함대는 나타나지 않았다. 도고는 자신의 판단에 의심을 품었고, 러시아 발트 함대가 쓰가루 해협으로 항로를 잡은 것이라 판단했다. 도고 제독은 대본영에 함대 이동 허가를 요청했는데, 대본영은 조금 더 기다려보자고 회신했다. 도고가 고민을 하던 그때 기적이 일어났다.

"러시아 함대의 석탄 보급선이 상하이에 입항했다!" 일본을 살린 정보였다. 상하이에 석탄 보급선을 보냈다는 건 러시아가 최단 항로로 블라디보스토크에 가겠다는 의미였다. 일본의 운명을 건 전투는 그렇게 시작됐다.

쓰시마 해전

―

발트 함대는 1905년 5월 17일 반퐁항을 출발하여 대한 해협
으로 향했다. 5월 25일 대한 해협 근처에 다다른 발트 함대는
속도를 늦추고 무전도 끈 상태에서 천천히 해협으로 진입했
다. 때마침 짙은 안개가 끼어 안개와 어둠을 틈타면 무사히 해
협을 빠져나갈 수 있을 것처럼 보였다. 이때까지만 해도 신은
러시아 편에 선 것처럼 보였다. 하지만 언제나 그렇듯 전쟁이
나 전투는 사소한 실수로 시작되고 끝이 난다.

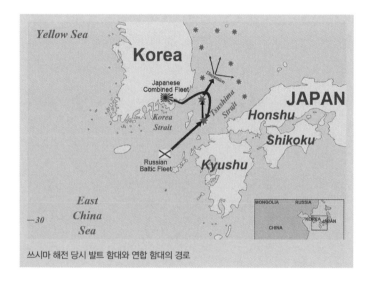

쓰시마 해전 당시 발트 함대와 연합 함대의 경로

5월 27일 새벽 2시 45분, 발트 함대의 병원선 오렐호가 짙은 안개 속에서 등불을 켰다. 뼈아픈 실책이었다. 이 등불을 일본 해군의 경순양함 시나노마루信濃丸가 발견했다. 눈에 불을 켜고 발트 함대를 찾던 일본 해군에게 이 작은 등불은 승리로 가는 길잡이가 되어주었다. 시나노마루는 이 등불 뒤를 끈질기게 따라붙었고, 새벽 4시에 대규모 러시아 함대가 이동하는 것을 확인했다. 발트 함대 확인과 동시에 도고 제독은 전 함대에 출격 명령을 내렸다. 일본 해군은 조심스럽게 러시아 함대를 추적하다가 해협의 병목 지역에 이르자 러시아 함대 앞을 가로막았다.

5월 27일 오후 1시 55분. 전함 미카사에 전투 개시를 알리는 'Z기'가 게양됐다. 그리고 일본인들이 그렇게도 자랑하는 T자 전술을 펼쳤다. 원래 도고는 어뢰정을 중심으로 한 작전을 짰으나 풍랑이 거세어 소형 어뢰정을 주축으로 하는 작전 대신 함대전을 선택했다. 당시 발트 함대는 새벽부터 일본 해군의 추적을 감지하고 일본 해군 함대와 꼬리잡기를 위한 기동전을 펼치느라 함대 진형이 3열로 바뀐 상태였다. 화력 집중이 어려운 상황에서 일본은 러시아 발트 함대 앞에서 T자 진형을 짰다.

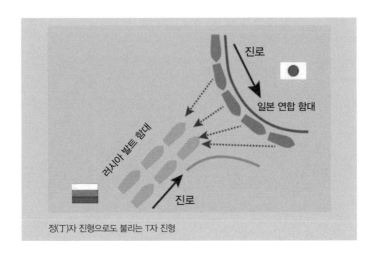

정(丁)자 진형으로도 불리는 T자 진형

발트 함대에게는 호기였다. 진형을 짜는 동안에는 제대로 된 포격을 할 수 없기 때문에 진형을 짜는 일본 함대에게 포화를 날릴 기회가 생겼기 때문이다. 발트 함대는 사력을 다해 일본 함대에 포격을 날렸다. 이때까지만 하더라도 승기는 발트 함대에 있는 듯 보였다.

그러나 발트 함대는 몇 가지 치명적인 사실을 간과했다. 첫째, 함대 간의 상대속도. 당시 일본 함대의 속도는 14노트였고, 발트 함대는 11노트였다. 일본 함대가 더 빨리 선회했기 때문에 포탄에 노출될 시간이 그만큼 적었다. 둘째, 포격의 정확도. 자이로스코프(올바른 방향으로 진행하도록 돕는 네비게이션

장치)가 없었던 시절이라 수상 포격전의 명중률이 낮았다. 게다가 발트 함대는 220일간 항해를 하느라 제대로 된 훈련은 고사하고 수병들의 건강 관리도 힘겨웠던 상황이었다. 반면 일본 해군은 발트 함대를 기다리며 1년치 포탄을 10일 만에 다 쓸 정도로 맹훈련을 했다. 따라서 발트 함대는 일본 함대의 짧은 선회 시간 동안 명중탄을 발사할 확률이 떨어졌다. 셋째, 당시 러시아 발트 함대의 3열 진형은 정면에서 선회하는 일본 함대에 충분한 화력을 퍼부을 수 있는 진형이 아니었다.

도고 제독의 일본 함대는 불과 5분 만에 진형을 다 짰고, 그 이후는 일방적인 학살이었다. 1차로 목표가 된 것은 기함 수브로프였다. 발트 함대의 핵심 지휘관들이 타고 있던 수브로프는 집중포화를 받았고, 발트 함대의 수뇌부는 한 방에 다 날아갔다(사령관 로제스트벤스키가 중상을 입었고, 지휘권을 넘겨받은 네보가토프 제독은 다음 날 무조건 항복을 했다). 수브로프를 격침시킨 이후로는 일본의 독무대였다.

결과는 참혹했다. 총 38척의 발트 함대 가운데 전함 6척, 순양함 3척을 포함해 19척이 격침됐고, 주력 전함 2척을 포함해 7척이 항복했다. 블라디보스토크에 도착한 함정은 순양함 1척과 어뢰정 2척뿐이었다. 나머지 3척의 순양함은 아예 항로를 바꿔 미국령 필리핀의 마닐라항으로 피신했고, 기타 석탄 보급선과 같은 소소한 지원함들은 상하이로 도망쳤다. 인명 피해도 상당했는데, 전사자만 4380명에 포로는 6000여 명에 달했다. 여기에 포함되지 않은 중상자도 꽤 됐다. 이에 반해 일본 함대는 어뢰정 3척을 잃고 117명이 전사한 정도였다. 30분 만에 끝난 전투라 해도 과언이 아니다. 물론 5월 28일까지 추격전이 펼쳐졌지만, 최초 5분 동안의 선회, 뒤이은 수브로프에 대한 집중 포격에서 쓰시마 해전은 결판이 났다고 볼 수 있다. 압도적인 승리였다.

당시 전 세계 군사 관계자들은 충격과 공포에 휩싸였다. 전통의 강호 러시아 발트 함대를 상대로 신예 일본 함대가 승리했다는 것도 놀라웠지만, 더 놀라운 건 '압도적 승리'였다는 점이었다. 그들이 주목한 것은 '어째서 발트 함대의 절반이 격침됐나?' 하는 대목이었다. 전열함 시대부터 해전에서 포격전으로 배를 격침하는 것은 어려운 일이다. 넬슨 제독이 위명을 떨쳤던 트라팔가 해전에서도 배를 격침하는 것은 힘든 일이었다. 당시 배들이 목조였다는 점과 포탄이 무거운 돌덩어리나 쇳덩어리라는 점 때문에 상부 구조물이 다 날아가도 배는 바다를 표류하는 경우가 대부분이었다(여기에는 함장들이 노획

해서 포상금을 받는 것에 집중했던 탓도 있다). 그런데 20세기 최초의 대해전에서 일본 해군은 러시아 발트 함대의 절반을 바다 속에 수장시켰다. 포탄의 힘일까? 근대 해군의 위력일까? 답은 의외로 쉬운 곳에서 찾을 수 있다.

당시 러시아 함정들은 전형적인 텀블홈tumble home 구조였다. 바닥이 더 넓고 위쪽으로 갈수록 좁아지는 모양인데, 흘수선吃水線이 상갑판보다 훨씬 넓었다. 이 때문에 피라미드 구조를 띠었고, 무게중심이 올라가 있었다. 이렇다 보니 조금만 흔들리면 부력을 상실하기 일쑤였고 침몰이 가속화됐다. 거기에다 러시아 함대는 블라디보스토크로 가기 위해 엄청난 양의

텀블홈 구조의 수브로프급 전함 오렐

석탄을 과적해 흘수선이 2미터 가까이 더 깊어져 있었다. 그 결과 일본 해군의 포탄에 맥없이 침몰했던 것이다.

한편 일본은 일반적인 영국식 선체를 사용했다. 그렇다고 해도 당시의 기술력으로는 상갑판이 흘수선보다 좁을 수밖에 없었다. 다시 말해 함선의 차이는 미미했다는 것이다. 결국 러시아 발트 함대는 텀블홈 방식의 선체에 과적, 220일간의 긴 항해에 의한 피로, 훈련 부족 등이 겹치면서 패배했다.

일본은 쓰시마 해전을 통해 죽음의 문턱에서 기사회생했다. 그들은 쓰시마 해전을 '동양의 기적'이라고 일컬으며 자축했다. 당대 거의 모든 이가 러시아의 승리를 예상했다. 레닌조차도 쓰시마 해전을 두고 "이렇게 무참하게 패배하리라고는 아무도 생각하지 못했다"고 할 정도였으니 말이다. 이제 러일 전쟁도 그 끝을 향해 달려가고 있다.

10

상처뿐인 영광?

쓰시마 해전이 끝나고 나서 일본과 러시아는 더 이상 전쟁을 수행할 능력도 의지도 없다는 사실을 서로 확인했다. 러시아는 더 이상 내놓을 카드가 없었다. 마지막 희망이었던 발트 함대가 쓰시마 해협에 수장된 마당에 더 꺼내놓을 무언가가 없었던 것이다. 이미 러시아 내부에서도 수상한 기운(사회주의 혁명의 기운)이 있던 상황이라 섣불리 전쟁을 이어나갈 엄두를 내지 못했다. 발트 함대가 전세를 뒤엎었더라면 이를 기반으로 니콜라이 2세가 러시아 정치의 새로운 동력원을 찾을 수 있었겠지만 모든 게 물거품이 됐다.

일본의 경우는 더했다. 이미 관세 수입과 담배 전매 이익금을 담보로 미국과 영국에서 외채를 엄청 끌어다 썼음에도 전비가 모자랐고 병력도 없었다. 거기다 사망자(질병사 포함) 숫자만 8만 명이 넘어가는 상황이었기에 더 이상 전쟁을 계속할 여력이 없었다.

군인들이 두 손을 든 상황에서 남은 건 정치인들의 '협상'이었다. 여기에 두 팔 걷어붙이고 나선 것이 미국이었다. 미국은 러시아가 만주를 점령했을 때부터 일관되게 러시아를 비난했고 전쟁 기간 내내 일본의 뒤를 받쳐줬다. 미국의 루스벨트 대통령이 주선하여 러시아와 일본은 뉴햄프셔 주의 작은 도시 포츠머스에서 만났다. 이것이 바로 '포츠머스 강화조약'이다. 포츠머스 강화조약의 주요 내용은 다음과 같다.

1. 러시아는 일본이 조선에서 정치·군사·경제적인 우월권이 있음을 승인하고 또 조선에 대해 지도·보호·감독에 필요한 조치를 취할 수 있음을 승인한다.

2. 러·일 양군은 랴오둥 반도 이외의 만주 지역에서 철수하며 만주에서 청나라의 주권과 기회균등 원칙을 준수한다.

3. 러시아 정부는 청국 정부의 승인을 얻어 랴오둥 반도(뤼순. 다롄) 조차권租借權, 창춘-뤼순 간 철도와 그 지선, 그리고 이와 관련된 모든 권리와 특권을 일본에 양도한다.

4. 양국은 만주의 철도들을 비군사적인 목적으로 경영한

다. 단, 랴오둥 반도 지역은 예외로 한다.

5. 일본이 배상금을 청구하지 않는 대신 북위 50도 이남의 사할린 섬 및 그 부속 도서를 일본에 할양한다. 그러나 이 지역은 비무장지역으로 하며 소오야, 타타르Tatar 해협의 자유 항행을 보장한다.

6. 동해, 오호츠크 해, 베링 해의 러시아령 연안의 어업권을 일본인에게 허용한다.

몇 가지 조항이 눈에 띄는데, 먼저 1번 내용을 잘 살펴보자. 그 내용은 곧 러일전쟁의 전리품으로 조선이 일본의 손에 떨어지는 것을 국제 사회가 인정한다는 말이다(미국이 주선자였고, 조선을 사이에 놓고 다투던 러시아가 인정했고, 러일전쟁 내내 일본을 지원했던 영국이 암묵적으로 동의했으니 전 세계가 승인했다고 봐도 과언이 아니다). 국제 사회의 그 누구도 조선의 운명을 걱정하지 않았다. 세계는 러일전쟁 당시 대한제국이 보여준 졸렬함과 백성들의 안이한 태도를 기억하고 있었다. 우리 민족을 위해 나눠줄 '걱정'은 없었다. 거기다 국제정치 무대에서 의리와 신의, 윤리를 찾는 것처럼 어리석은 행동이 있을까? 철저히 힘의 논리에 지배되는 곳이 국제정치 무대이며, 명분은 나중에 만들면 되는 것이다.

조선의 운명은 결정됐다. 그러나 러일전쟁은 아직 끝나지 않았다.

배상금, 배상금, 배상금!
—

포츠머스 강화조약을 체결하기에 앞서 일본 외교관들은 배상금 문제를 어떻게 처리해야 할지 고민했다. 러일전쟁은 전비만 19억 8400만 엔이 들어간 말 그대로 '빚잔치'였다. 미국과 영국이 12억 엔을 지원했다지만 모두 '빚'이었다.

'자위를 위한 국민적 전쟁'이라며 일본 국민을 쥐어짜낸 것은 성공이었다. 이로 인해 일본은 이후에도 정부와 국민의 일체성을 강조하는 등 거국적 전쟁 분위기를 유도하는 '기술'을 확보하게 됐지만 현실을 외면할 수는 없었다. 전쟁의 승리가 곧 국민의 생존과 연결된다며 승리까지 인내하라고 말하던 배경에는 전쟁 승리 이후의 '배상금'이 있었다. 이미 청일전쟁에서 2억 냥, 엔화로 환산해 3억 2000만 엔이나 되는 거액의 배상금을 받아냈던 일본이다. 당시 일본 정부의 1년 세출이

8000만 엔이었으니 자그마치 4년치 예산이었다.

일본은 러일전쟁에 청일전쟁보다 8.5배나 더 많은 돈을 썼다. 일본 국민은 전쟁에서 승리하면 배상금이 나올 테고 이 배상금이 지난 20개월 동안의 고통을 상당 부분 치유해줄 것이라 믿었다. 이를 두고 순진하다고 할 수만은 없다. 이미 한 번의 경험이 있었고, 배상금이란 언제나 전쟁 후의 전리품으로 따라오던 것이었으니까.

그런데 러시아가 배상금 지불을 거부했다. 아니, 배상금을 논의 선상에서 아예 제외시켰다. 러시아도 일본의 사정을 빤히 알고 있었다. "일본은 더 이상 전쟁을 수행할 능력이 없다. 일본의 군사력은 이미 다 소진한 상태다." 배상금 지불 거부를 핑계로 일본이 전쟁을 속개한다고 해도 승산이 없다는 것을 러시아도 일본도 알고 있었다. 전쟁을 속개한다면 패배는 일본의 몫임이 자명했다.

물론 러시아의 사정도 여의치 않다는 걸 서로 잘 알고 있었다. 그럼에도 불구하고 일본은 손을 내밀 수밖에 없었다. 손을 내밀지 않으면 일본에게 남은 길은 패망밖에 없었다. 일본은 가지고 있는 모든 힘을 쥐어짜내 러시아와 싸워 이겼지만(러시아 전체가 아닌 극동 지역에서, 러시아가 아닌 '제정 러시아'와 싸워

포츠머스 강화조약의 당사자들인 러시아의 세르게이 비테(왼쪽), 미국의 루스벨트 대통령(가운데), 일본의 고무라 주타로(오른쪽)

이긴 것이라며 폄하하지만 승리는 승리였다) 이 20개월 동안 일본은 메이지 유신 이후로 일궈낸 모든 성취를 다 토해내야 했다. 그야말로 '올인'이었던 것이다. 하얗게 불태웠던 일본은 팔 하나 올릴 힘도 남아 있지 않았고, 결국 이 배상금 없는 강화조약을 선택할 수밖에 없었다.

그 결과 강화조약을 체결한 날부터 사흘간 도쿄, 요코하마, 고베 등지에서 폭동이 일어났다. 고베에서는 이토 히로부미의 동상이 철거되기까지 했다. 승리만을 위해 20개월 동안 참아왔던 (그리고 그 이전에는 러시아와의 전쟁에 대비한다고 참아야 했던) 분노가 한꺼번에 터져 나온 것이다. 이듬해 1월에는 가쓰라 내각이 총사퇴를 하게 되었다.

남몰래 웃음 짓던 이들

—

일본을 지원했던 영국과 미국은 남몰래 웃음 지었다. 러시아
의 팽창 앞에서 '그래, 일본이 어디까지 가는지 한번 지켜보
자'라며 슬며시 일본의 등을 밀어줬던 미국은 소기의 목적을
달성했다. 영국은 영일 동맹의 성과를 눈으로 확인할 수 있었
다는 점에서 정치적 의미가 더 컸다. 19세기 말까지 이어지던
영국의 전통적 외교 노선인 '영광스러운 고립splendid isolation'을
포기하고 처음으로 맞이한 파트너인 일본, 처음으로 동맹을 체
결한 나라인 일본이 골머리를 썩이던 러시아의 남하 정책을 막
아낸 것이다. 물론 영국과 미국의 지원이 없었다면 불가능한
일이었을 테지만 일본은 훌륭히 그 임무를 수행해냈다.

영국이 그때까지 고수해왔던 고립 노선을 포기한 직후에 거
둔 성과는 영국 정부를 충분히 고무시켰다. 그들의 선택은 옳
았고, 이는 1904년과 1907년 프랑스, 러시아와 협상을 체결하
는 단초가 돼주었다. 그 덕분에 제1차 세계 대전에 개입하게
되지만 말이다.

일본 덕분에 영국은 100년 가까이 끌어왔던 그레이트 게임
에 종지부를 찍을 수 있게 됐다. 이제 더 이상 러시아는 영국

러시아와 싸우도록 일본의 등을 떠미는 영국과 미국

에 위협이 되지 않았다. 우연인지 필연인지 모르겠지만 러일 전쟁 전후로 국제 사회 질서는 요동쳤다. 러시아가 무너지던 그때 유럽에서는 독일이라는 신흥 강호가 영국을 위협하고 있었다. 영국의 고립 노선은 더 이상 설 자리가 없어졌다.

영국이 이렇게 외교적 실익을 계산하며 외교 노선을 바꾸려 할 때 러시아는 러일전쟁으로 잃은 것들을 확인해야 했다. 극동 함대와 발트 함대의 몰락은 사실상 러시아의 해외 투사력을 0에 수렴하게 만들었다. 육군 강국으로서의 위상은 남아 있었지만 20세기 초 제국주의 열강의 필수 요소였던 해군의 부재는 러시아의 대외 정책에 심각한 악영향을 끼치게 됐다.

제1차 세계 대전에서 러시아 해군의 활약상을 들어본 적이 있는가? 쓰시마 해전 이후 러시아 해군은 사실상 몰락했다고 보는 게 옳은데, 이는 이후 국제 정세에 커다란 영향을 끼쳤다.

러일전쟁은 "사회주의의 발흥으로 혼란해진 정세를 안정시키기 위해 작은 전쟁의 승리로 분위기를 쇄신하고 국론을 통일하는 것도 나쁘지 않다"는 니콜라이 2세의 판단으로 시작한 '가벼운 전쟁'이었다. 하지만 일본에게 제대로 한 방을 먹고 니콜라이 2세는 국정 운영의 동력을 상당 부분 상실했다. 이후 러시아는 도도한 '혁명'의 길로 나아갔고, 제정 러시아는 역사의 뒤안길로 서서히 사라져갔다.

충격적 데뷔와 뒤이은 견제
—

일본은 러일전쟁 이후 제국주의 열강 클럽에 당당히 입성했다. 이전까지는 서양 흉내를 내는 원숭이에 불과했던 일본이 어느새 러시아를 꺾을 정도의 제국으로 성장한 것이다. 국제 사회에서 일본의 발언권은 커졌고, 이후 일본의 광폭 행보는 국제 사회의 주목을 받았다. 러일전쟁을 '상처뿐인 영광', 배상금 문제만 보자면 '피로스의 승리'라고 할 수도 있겠지만, 국제정치적 측면에서는 '일본의 충격적인 국제 사회로의 데뷔'라고 할 수 있을 것이다.

동양에서는 처음이자 마지막으로 근대화에 성공해 제국주의 클럽에 가입한 일본을 두고 국제 사회는 따가운 눈초리를 보내기 시작했다. 그 전후 사정을 다 알고 있음에도 일본의 승리는 특기할 만한 일이고 충격적인 대사건이었다. 이런 상황에서 황화론黃禍論이 다시 고개를 들었다. 황색 인종이 대두해 칭기즈칸처럼 서양인을 괴롭힐 것이라는 막연한 두려움 혹은 망상 말이다. 처음에는 중국을 경계했지만, 중국이 병든 돼지였다는 사실을 확인한 서양 제국들은 다음 타깃으로 일본을 선택했다.

이에 앞장선 이들은 아이러니하게도 러일전쟁 당시 일본을 밀어줬던 영국과 미국이었다. 영국은 러일전쟁 직후 러시아와의 관계 개선에 들어갔고, 영일 동맹의 의미를 상대적으로 축소했다. 국제 사회에서는 영원한 적도 영원한 친구도 없다. 한때 등 떠밀며 싸움을 부채질했던 영국이었지만 일본이 갑작스럽게 대두하는 걸 원치 않았던 것이다.

미국은 더 심했다. 미국은 러일전쟁 직후부터 본격적으로

결국 만주를 차지한 일본이
1931년에 세운 만주국

일본인 배척 운동을 했고, 캘리포니아 주를 중심으로 일본인
에 대한 배척과 탄압을 시작했다. "일본의 승리는 아시아의
서양에 대한 도전의 징조이며, 태평양의 장래는 동서 세력의
대립에 의해 결정된다고 생각하게 되었다." 당시 샌프란시스
코의 한 신문에 실린 내용이다. 실제로 영국과 미국은 러일전
쟁 이후 태평양의 장래는 일본과의 대립에 의해 결정될지도
모른다고 생각했다. 계기는 '만주'였다.

러시아가 만주에서 가졌던 권익을 승계한 일본은 본격적으
로 만주에 진출하기 위한 행보를 시작했다. 전쟁이 끝났음에
도 만주에서 군정을 이어나갔고, 계속해서 만주에서 배타적

이고 독점적인 지배권을 행세하려 했다. 영국과 미국 중 특히 미국이 반발하기 시작했다. 러일전쟁 당시 미국이 일본의 등을 밀어준 이유가 러시아의 만주 점령을 견제하기 위해서였기 때문이다. 미국도 만주 진출에 대한 꿈이 있었다. 러시아가 만주를 점령했을 때만 하더라도 일본을 통해 견제하면서 상황을 지켜보고자 했는데, 일본이 러시아를 꺾어버리고는 그 자리를 차지해버린 것이다.

일본은 한반도를 발판 삼아 대륙으로 진출해 제국주의 국가로서의 첫발을 내디뎌야 한다는 생각을 갖고 있었고 이를 포기할 생각이 없었다. 그러나 이를 지켜보는 미국과 영국의 눈에는 '곰이 물러가니 원숭이가 들어와 설치는 꼴'이었다. 만주 진출을 꿈꾸던 미국은 일본의 급작스런 대두에 눈살을 찌푸렸고, 이후 일본과의 외교 관계는 악화일로를 걷게 되었다. 일본과 미국의 외교 관계는 러일전쟁에서 정점을 찍고, 이후 태평양전쟁까지 계속해서 악화되는 형국이었다. 중국이라는 이익 앞에서 일본과 미국이 서로의 욕망을 불태웠기 때문이다.

사람들은 태평양전쟁을 일본의 '돌발적인 미친 짓'이라고 생각하는데, 실은 러일전쟁 직후부터 일본과 미국은 끊임없이 보이지 않는 소소한 갈등을 빚었다. 태평양전쟁의 원인을 추적해 올라가면 중일전쟁이 나오고, 중일전쟁의 원인을 추적해 올라가면 만주가 나온다. 러일전쟁은 태평양전쟁의 씨앗을 잉태하고 있었던 것이다.

11

전리품

"이 시대의 명랑함은 이런 낙천주의에 있었다. 지금 와서 생각하면 실로 우스꽝스러운 일로 쌀과 비단 말고는 주요 산업조차 없는 이 국가의 녀석들이 유럽 선진국과 같은 해군을 가지려고 했다. 육군도 마찬가지다. 재정이 꾸려질 리가 없다. 허나 그러하더라도 여하튼 근대 국가를 만들고자 했던 것이 애초 유신 성립의 제일 큰 목적이었고, 유신 후 신 국민들의 소년과도 같은 희망이었다."

– NHK 드라마 《언덕 위의 구름》 10편 프롤로그 중

러일전쟁을 배경으로 한 《언덕 위의 구름》. 이 소설에서 가장 와 닿았던 말이 바로 이 '낙천주의'다. 시바 료타로가 그려 낸 이 시절은 일본에게 가장 아름답던 시절이다. 메이지 유신

(언덕 위의 구름) 포스터

에 성공하고, 아시아의 최강자로 유럽의 강대국인 러시아를 무너뜨린 시절. 일본 국민 사이에서는 할 수 있다는 자신감과 서방의 제국 열강과 어깨를 나란히 할 수 있다는, 아니 이미 그들과 어깨를 나란히 하는 '제국'이라는 자긍심이 넘쳐나던 시절이었다.

포츠머스 강화조약 직후 배상금 없는 강화조약이라며 들고 일어났던 일본 국민들이 외쳤던 한마디는 "전쟁 속개"였다. 전쟁을 밀어붙여서 배상금을 받아내겠다고 소리친 것이다. 당시 일본의 상황은 어땠을까? 일반 국민들의 심정은 어땠을

193

지 모르나 정부 관계자들은 식은땀을 흘리고 있었다. 이미 영국과 미국은 더 이상 재정 지원을 않겠다며 일본을 압박했고, 이들이 지원하지 않으면 두 달 안에 일본은 망할 수밖에 없는 상황이었다. 숨이 턱에 닿은 정도가 아니라 이미 코까지 물이 들어찬 상황이었던 것이다.

다시 한 번 러일전쟁 시절의 일본을 돌아볼 필요가 있다. 일본 국민은 할 수 있다는 자신감에 들떠 있었고, 일본이 세계열강과 어깨를 나란히 할 수 있다는 사실에 감격했다. 타이완을 점령하고, 조선을 합병하고, 만주를 지배하며 차곡차곡 제국주의의 길을 밟아가던 일본. 때마침 터져준 제1차 세계 대전까지 일본은 활기차며 낙천적인 사회 분위기를 유지하며 이를 기반으로 세계로 나섰다.

그런데 과연 그럴까? 베트남 건국의 아버지 호찌민이 프랑스와 미국을 돌아보고 나서 깨달은 한 가지가 있다. "아무리 강한 나라라도 하층민의 삶은 식민 지배를 받는 나라의 하층민의 삶과 별반 다르지 않다." 커다란 깨달음이었다. 당시 미국에서 눈 치우는 아르바이트를 하던 호찌민은 슬럼가에 거주하는 이들의 삶이 식민 지배를 받던 자신의 조국에서 신음하는 이들의 삶과 별반 다르지 않음을 깨닫게 되었다. 맞는 말이다. 전쟁은 늙은이가 결정하고, 젊은이가 나가서 죽는 것이라고 했던가? 마찬가지다. 전쟁은 가진 자가 결정하고, 가지지 못한 자가 끌려가 죽는 것이다.

러일전쟁이 그 대표적인 예다. 국가가 부강해지고 제국주의 클럽에 가입했다고 해서 일본 국민의 삶이 나아진 건 없었다. 러일전쟁 직후 일본 국민의 세금 부담률은 청일전쟁 전의 네 배가 됐다. 같은 기간 일본 국민의 소득 증가는 약 1.5배에 불과했다. 소득은 별로 늘지 않았는데, 두 배 이상 더 세금을 걷어야 하는 상황. 지옥이 열린 것이다. 게다가 러일전쟁의 절망적인 사상자 수는 어떻게 설명할 수 있을까?

메이지 유신 이전의 일본 국민은 그저 세금만 꼬박꼬박 내면 됐다. 전쟁이 나더라도 사무라이들 간의 전쟁이었고, 백성들은 눈치 보며 어느 편에 붙을까만 생각하면 됐다. 그러나 이제 백성은 '국민'이 됐고, 국민은 전쟁에 직접 참여해야 했으며, 전쟁터에 가서 죽어야 했다. 과연 일본 국민은 행복했을까?

그나마 다행이라면 이런 낙관주의적인 사회 분위기가 제1차 세계 대전까지 이어졌다는 점이다. 일본 영화 《연합 함대 사령장관 야마모토 이소로쿠》를 보면 선술집에서 전쟁을 반대하는 해군과 야마모토 이소로쿠를 맹비난하는 일반인이 나온다. 그리고 태평양전쟁의 시발점이 되는 진주만 기습 공격 소식에 기뻐 날뛰는 모습을 볼 수 있다. "이제 경기가 좋아질 것이다!"

1905년 러일전쟁의 승리, 뒤이은 한반도 점령과 만주 경영, 그리고 일본에게는 천운天運이 되어준 제1차 세계 대전의 발발은 일본을 한없이 낙관주의로 몰아갔다. 일본의 초대 외상이었던 이노우에 가오루井上馨는 "이번 유럽에서의 전쟁은 일본의 국운 발전을 위한 다이쇼大正 신시대의 천우天佑"라고 말했다. 이 한 번의 전쟁으로 일본은 단숨에 세계 5대 열강 안에 들어가게 됐다. 전쟁 전인 1914년 6억 엔 정도이던 수출이 전쟁이 끝나던 1919년에는 연간 21억 엔으로 증가했고, 러일전쟁의 빚으로 채무국이 됐던 일본은 1919년 27억 엔의 채권국이 됐다. 러일전쟁으로 허덕이던 일본이 제1차 세계 대전으로 당당히 일어선 것이다.

역사는 반복된다고 했던가? 제2차 세계 대전으로 완전히 망했던 일본이 부활할 수 있었던 것 역시 1950년에 일어난 한반도에서의 전쟁 때문이었다. 그때 요시다 시게루吉田茂 수상이 한 말은 당시 일본의 분위기를 단적으로 보여준다. "이제 일본은 살았다." 근대 이후 한국은 일본의 발판 역할에 충실

했던 존재인지도 모르겠다.

러일전쟁의 전리품, 조선

1905년 8월 12일 제2차 영일 동맹 조약이 체결되었다. 이 조약에는 한반도의 운명을 결정짓는 조항이 있었는데 "영국은 일본이 조선에서 가지는 정치적·경제적·군사적 이익을 보장하며, 일본은 영국의 인도 지배 및 국경 지역에서의 이익을 옹호하는 조치를 취할 것"이라는 내용이었다. 바로 제2차 영일 동맹 조약 제3조에 명시된 '한반도의 운명'이다.

이 조약이 체결되기 3주 전인 1905년 7월 29일에는 루스벨트의 특사인 육군 장관 윌리엄 태프트William Taft와 일본 총리 가쓰라 다로桂太郎가 도쿄에서 협정을 맺었다. '가쓰라 태프트 밀약' 혹은 '가쓰라 태프트 비밀각서'라 불리는 가쓰라 태프트 각서였다(이 밀약은 1924년이 되어서야 공개되었다). 이 밀약의 주요 내용은 "미국이 미국-스페인 전쟁으로 영유한 필리핀을 통치하고, 일본은 필리핀을 침략할 의도를 갖지 않으며, 극동의 평화 유지를 위해 미국, 영국, 일본은 동맹 관계를 확보해야

윌리엄 태프트(왼쪽)와 가쓰라 다로

하고, 미국은 러일전쟁의 원인이 된 한국을 일본의 보호국으로 만드는 것을 승인한다"는 것이었다. 즉, 미국과 영국이 손을 잡고 일본의 손을 들어줬다고 보면 된다. 두 초강대국이 일본의 조선 진출을 허락한 것이다.

제2차 영일 동맹 조약은 영국과 일본의 특수성을 고려한다면 이해할 수 있는 일이지만 가쓰라 태프트 밀약의 경우는 이야기가 달랐다. 구한말의 혼란스런 상황에서 조선이 가장 믿었던 나라가 바로 미국이었다. 청나라는 과거 조선이 조공을 바치던 나라였고, 일본과 러시아는 서로 아귀다툼을 벌이며 조선을 집어삼키려 한 나라였다. 그나마 믿을 만한 건 '엉클

샘'의 이미지로 포장돼 있던 의젓한 미국이었다. 그런데 일본의 야욕을 분쇄할 만한 힘과 그에 걸맞은 높은 도덕성을 지녔다고 믿었던 미국이 조선을 배신한 것이다(구한말 조선에 건너온 수많은 미국 선교사들을 보라. 당시 조선인들이 미국을 어떻게 생각했을까?). 조선은 그렇게 일본으로의 등기 이전 단계에 돌입하게 되었다.

러일전쟁의 결과물인 포츠머스 강화조약, 제2차 영일 동맹조약과 가쓰라 태프트 밀약으로 사전 정지 작업을 마친 일본은 1905년 11월 17일 을사조약을 통해 조선을 일본의 보호국으로 만들었다. 가등기 상태까지 간 것이다. 그리고 1910년 8월 29일 국권 침탈이 이뤄졌다. 이제 조선은 일본의 소유가 됐다. 등기가 완전히 넘어간 것이다. 이 한일 병합은 국제정치적으로 대단히 중요한 의미를 띤다. 이제 일본은 식민지를 확보한 명실상부한 제국주의 국가가 됐고, 중국 대륙으로 진출할 수 있는 발판을 확보하게 된 것이다. 일본은 더 이상 섬나라가 아니라 '대륙 국가'가 됐다.

하지만 일본은 너무 늦게 제국주의 국가가 되었다. 일본이 조선을 합병한 1910년은 이미 제국주의 체제에 낙조가 드리우던 시기였다. 몇 년 뒤 제1차 세계 대전이 터지고, 종전을 앞둔 1918년 1월 18일 미국의 우드로 윌슨Woodrow Wilson 대통령은 '민족자결주의'를 들고 나왔다. 이는 한 시대의 종막을 알리는 신호탄이었다. 일본이 막차를 타고 제국주의 대열에 겨우 합류했는데 시대의 흐름은 제국주의가 끝났다고 말하고 있었다. 제1차 세계 대전이 끝나고 오스트리아-헝가리 제국, 오스만 제국, 러시아 제국은 민족자결주의의 영향으로 자국 영토 안에 있는 독립 세력들을 분리 독립시켰다. 에스토니아, 체코슬로바키아, 헝가리, 핀란드, 폴란드, 리투아니아 등등이 이렇게 탄생했다.

그러나 민족자결주의의 영향은 여기까지였다. 아직 제국주의의 대열은 공고했다. 그럼에도 민족자결주의는 제국주의

우드로 윌슨

열강의 식민지들을 뒤흔들기에는 충분했다. 대표적인 예가 민족자결주의의 영향을 받아 터진 3.1 운동이다. 또한 병든 돼지라 놀림을 받으며 열강들의 반식민지 상태가 되었던 중화민국 여기저기에서도 시위가 일어났고, 영국, 프랑스 등의 식민지에서도 독립운동이 일어나기 시작했다.

결국 일본은 제국주의 열강 대열에 합류한 지 겨우 9년 만에 제국주의의 쇠퇴를 확인하게 되었다. 일본을 최후의 제국이라 부르는 이유가 여기에 있다. 메이지 유신 이후 서구 열강과 같은 제국이 되겠다고 온 국민이 나섰지만, 제국주의 열강 대열의 끄트머리에 서서 제대로 누려보기도 전에 제국주의는 시대에 뒤떨어진 이데올로기가 된 것이다. 그러나 이때까지의 일본은 아주 낙관적이었다.

12

비극의 시작

러일전쟁을 국제정치학적으로 정의하자면 '일본의 충격적 데뷔'라고 할 수 있다. 그냥 노래 좀 부르는 연습생인 줄 알았는데, 정신 차리고 보니 가요계 원로 가수를 꺾을 정도의 신예 가수가 된 격이라 할 수 있다. 문제는 후속곡이었다. 이미 조선을 확보했다고 하지만 조선을 확보한다고 해서 일본이 세계열강과 어깨를 나란히 할 수는 없었다. 어디까지나 조선은 제국주의 열강 클럽에 참여할 수 있다는 입장권 정도에 불과했기 때문이다. 한국을 과소평가하는 건 아니지만, 솔직히 한국 땅에서 나올 수 있는 자원의 양이란 것이 한계가 있지 않은가? 속된 말로 먹을 게 별로 없었다. 이는 일본의 외교 행보를 보면 알 수 있는데, 한일 병합 직후 일본은 자신의 과거를 세탁하기 시작했다. 바로 1911년에 있었던 '미일 통상 항해 조약'의 폐기다.

1895년에 있었던 삼국 간섭 이후 일본은 포츠머스 강화조약, 가쓰라 태프트 밀약, 제2차 영일 동맹 조약으로 세련되게 조선을 획득했고, 식민지를 확보함으로써 제국주의 열강 클럽에 가입할 수 있었다. 하지만 일본의 과거가 문제였다. 일본은 1853년 6월 3일에 있었던 흑선 내항 이후 강제로 개국했다. 외부의 힘에 의한 강제 개항은 일본 내부를 뒤흔들었고, 종국에는 체제 자체를 뒤엎어버렸다. 260년간 이어져온 도쿠가와 막부가 무너지고, 삿초 동맹薩長同盟으로 정권을 잡은 이들이 메이지 유신을 단행했다. 이때부터 미국으로 대표되는 서구 제국주의를 수입했고, 국가 발전을 위해 총력을 다했다. 말은 이렇게 했지만 사실 식민지와 별반 다를 게 없는 상황이었다.

그리고 이때 맺은 조약이 문제가 됐다. 1차로 맺은 미일 화친 조약은 일본 측에도 크게 나쁠 것이 없었지만, 1858년에 맺은 미일 수호 통상 조약은 대표적인 불평등 조약이었으며, 제국주의 일본에게는 지우고 싶은 과거였다. 일본이 미국과 맺은 미일 수호 통상 조약을 모방해 조선과 조일 무역 규칙을 체결한 것만 봐도 미일 수호 통상 조약이 얼마나 불평등한 조약인지 이해할 수 있을 것이다. 조선의 개항과 강화도 조약, 조일 무역 규칙은 일본의 흑선 내항과 미일 화친 조약, 미일 수호 통상 조약을 그대로 답습한 전형적인 식민지 개항 방법이었다. 다시 말해 일본이 미국에게 당한 방식을 그대로 활용해 조선을 식민지로 만들었던 것이다.

이 불평등한 미일 수호 통상 조약은 이후 미일 통상 항해 조약의 체결로 폐지되었다. 그러나 미일 통상 항해 조약도 마찬가지로 불평등 조약이었다. 당시 일본 외교가의 최대 관심사는 막부 말기 이후 맺은 불평등한 국제 조약을 해결하는 것이었고, 이때 등장한 자가 풍운아 고무라 주타로였다.

고무라는 청나라의 대리공사를 시작으로 외무차관, 주미 공사, 주러 공사로 활약했고, 1900년 의화단 사건의 사후 처리에도 참여했다. 제1차 가쓰라 내각 때는 외무대신을 지내기도 했다. 그의 작품으로 가장 유명한 것이 영일 동맹이다. 그가 없었다면 어쩌면 러일전쟁은 일본의 패배로 끝났을지도 모른다. 그는 영일 동맹 체결 후 전시 외교의 최선봉에서 일본의 이익을 위해 뛰어다녔고, 실제로 그의 활약은 일본에 커다란 힘이 됐다.

그의 냉정한 상황 판단 능력을 알 수 있는 에피소드가 하나

고무라 주타로

있다. 러일전쟁 종전 협상(포츠머스 강화조약 당시 고무라에게 전권이 주어졌다)을 위해 도쿄 역을 떠날 때 일본 국민 5000여 명이 그를 성대히 환송했다. 이때 고무라는 "내가 다시 돌아올 때는 정반대 상황이 될 것이다"라고 했다. 러시아와의 협상 결과를 정확히 예측하고 있었던 것이다.

이런 고무라가 심혈을 기울였던 것이 막부 말기 이래로 체결한 불평등 조약의 해소였다. 일본이 힘이 없었던 시절에는 어쩔 수 없었지만 이제 제국주의 열강 클럽에 당당히 입성했으니 이를 바로잡아야 한다고 생각했다. 마침내 그는 1911년 미일 통상 항해 조약을 폐기했다. 당시 일본 면제품의 대미 수출이 활성화되자 미국이 이를 방어하기 위해 한 선택이라고 볼 수도 있겠지만(당시 주일 미국 대사관의 관측) 그동안의 분위기를 무시할 수는 없었다. 이렇게 일본은 완벽히 과거를 세탁하고 제국주의 열강 클럽에 당당히 합류했다.

파벌이 움직이기 시작하다

—

앞에서도 얘기했듯이 일본은 러일전쟁 직후까지 낙관주의의 시대, 미래를 꿈꿀 수 있는 시대를 살았다. 비록 일본 국민들을 기다리고 있던 것은 지옥이었지만, 그들에게는 거국적으로 일치단결해서 매달릴 목표가 있었다. 청일전쟁 직전에는 청나라를 쓰러뜨려야 한다는 일념이 있었고, 삼국 간섭 다음에는 러시아라는 새로운 적을 쓰러뜨리기 위해 모든 역량을 집중시켰다. 문제는 러시아를 쓰러뜨리고 나서부터였다. "다음 싸울 적은 누구인가?"

청일전쟁을 통해 아시아 최강이라는 목표를 달성했고, 러일전쟁을 통해 삼국 간섭의 원한을 씻고 제국주의 열강 클럽에도 가입했다. 덤으로 숙원이었던 조선을 확보할 수 있었고, 막부 말기 이래로 일본을 옭아맸던 불평등 조약도 해결했다. 이

제 일본은 당당한 제국이 됐다. 하지만 그 다음이 무엇이냐는 것이다.

러일전쟁 직후부터 일본은 두 개의 나라로 쪼개졌다. 겉보기엔 하나의 나라였지만 육군이 다스리는 일본과 해군이 다스리는 일본으로 나뉘었다. 메이지 유신 이래로 불편했던 육군과 해군의 관계가 분열로 이어진 것이다.

이야기를 메이지 유신 시절로 되돌려보자. 일본 육군의 시초는 조슈번의 다카스기 신사쿠高杉晉作가 조직한 기병대였다. 반면 일본 해군은 사쓰마번의 수군이 주축이었다. 막말 혼란기에 조슈와 사쓰마가 손을 잡으면 도쿠가와 막부를 뒤엎을 수도 있다는 말이 있을 정도였다. 도쿠가와 막부는 이들을 견제하긴 했지만 이들이 손을 잡을 것이란 생각은 하지 않았다. 이 둘은 앙숙이었기 때문이다.

이 두 앙숙을 손잡게 만든 이가 바로 사카모토 료마坂本龍馬다. 오다 노부나가와 도쿠가와 이에야스를 제치고 일본인이 가장 존경하는 위인 1위에 꼽힌 사카모토 료마. 만약 그가 없었다면 일본은 메이지 유신 이전에 내전에 휩싸였을지도 모른다(이후 세이난 전쟁西南戰爭과 같은 내전이 있긴 했지만, 아예 메이지 신정부가 탄생하지 못했을 수도 있다). 어쨌든 사카모토 료마에

대정봉환으로 도쿠가와 막부가 물러
나고 메이지 천황이 통치권을 쥐었다.

의해 삿초 동맹(사쓰마번과 조슈번의 동맹)이 성립됐고, 이를 바
탕으로 도쿠가와 막부를 몰아낼 수 있었다. 이른바 대정봉환
大政奉還이다.

사카모토 료마는 신정부의 내각까지 설계한 뒤 권력의 뒤편
으로 물러났다. 1853년 6월 3일 흑선 내항에서부터 시작된 일
본 내부의 분열과 쟁투가 마무리된 것이다. 물론 이는 표면적
인 모습이다. 힘으로 억누르곤 있었지만 격동기의 한가운데
에서 칼을 쥐고 있던 세력들은 저마다 목소리를 높였다. 그리
고 그 목소리 중 하나가 료마를 죽였다.

대정봉환이 있고 한 달 뒤 료마가 암살당하고 사쓰마번과

조슈번의 관계는 악화일로를 걷게 되었다. 그리고 터진 것이 메이지 6년의 정변이다. 사이고 다카모리西鄕隆盛 중심의 정한파征韓派(한국을 정벌해야 한다고 주장하는 파)가 들고 일어났지만 조슈번에 진압당했다. 이를 만회하기 위해 정한파들은 몇 번의 난을 일으키고 최후에는 세이난 전쟁까지 일으켰지만 모두 진압당했다. 결국 육군은 야마가타 아리토모를 중심으로 한 조슈번 출신 인사들이 권력을 장악했고, 썩어도 준치라고 사쓰마번은 해군을 장악했다. 일본 군벌軍閥의 시작이었다.

이후 일본 육군은 천황 친정을 원하는 '황도파'와 내각에 의한 통제를 주장하는 '통제파'로 나뉘었고, 해군은 워싱턴 군축 조약을 지켜야 한다고 주장하는 '조약파'와 조약파에 반대하는 '함대파'로 나뉘었다. 나중에 가서는 육군의 경우 대본영과 관동군 사이의 갈등에서부터 시작해 보병과 기갑병 사이에서도 갈등이 생기고, 해군은 연합 함대 군령부와 함대파 사이의 갈등을 시작으로 조약파와 함대파 사이의 갈등이 심화되는 등 그야말로 '콩가루' 집안이 된다.

이런 육군과 해군의 갈등 때문에 일본은 가뜩이나 부족한 자원을 비효율적으로 쓰게 되었다. 비슷한 무기라면 같이 사용하는 편이 보급이나 규모의 경제 면에서 효율적이겠지만 해군과 육군은 따로 무기를 개발했다. 사소하게는 총이나 기관포부터 시작해 크게는 항공모함과 잠수함까지 따로 개발했다. 태평양전쟁 시기에 육군이 항공모함과 잠수함을 개발한 것을 보면 헛웃음이 나올 정도다. 우리나라 해병대가 고수하는 '순검巡檢(준켄)'이란 단어가 일본 해군과 육군의 알력 다툼 끝에 나온 말이란 사실을 알면 쓴웃음이 나올 것이다. 원래 일본 육군은 점호點呼(덴고)라는 말을 썼는데, 육군이 쓰는 말을 쓰지 않겠다며 나온 말이 '순검'이었다.

조슈번과 사쓰마번의 향기가 났던 군벌 성립 초창기에는 그나마 서로 간의 인맥이 있었지만, 육군과 해군이 각각의 학교를 만들면서부터는 아예 일면식조차 사라졌다. 생각해보면 일본은 전쟁 국가였다. 메이지 유신 이후 끊임없이 전쟁 속에서 살아야 했다. 일본 최후의 내전이라 할 수 있는 세이난 전쟁 이후 청일전쟁, 러일전쟁, 제1차 세계 대전, 중일전쟁, 제2차 세계 대전까지 불과 100년도 안 되는 기간 동안 일본은 굵직굵직한 전쟁 속에 살아왔다. 그렇다면 이 전쟁을 기획하고 수행한 이들은 누구일까?

단 하나를 지목하라면 '일본 육군대학'을 지목하겠다. 1890년대부터 1945년까지 숨 가쁘게 이어진 '일본 전쟁의 역사'의

산증인이자 주인공이 바로 일본 육군대학이다. 1883년 창설되어 1945년 마지막 기수가 졸업할 때까지 육군대학이 배출한 인원은 고작 3485명이었지만 일본 근대사에서 이들의 활약은 엄청났다.

메이지 유신 직후 구체제 인사들(막부 시절 다이묘를 비롯한 구세력)이 자신의 권력을 유지 혹은 재탈환하기 위해 무력을 사용했지만 메이지 신정부의 군사력에 밀릴 수밖에 없었다. 결국 이들은 눈을 돌려 '정치'라는 새로운 권력을 찾았다. 이들은 새로운 시대에 자유 민권을 내세워 의회를 장악하려고 했다(그런 움직임을 보였지만 군부에게 통할 리 없었다. 작은 몸부림 정도로 생각하라). 만약 (지금의 시선으로는 지극히 당연한 것이지만) 군 통수권이 의회에 있다면, 군을 장악한 의회의 다음 행보는 무엇일까?

이런 최악의 사태를 피하고 싶었던 일본 군부는 군 통수권을 의회의 정치 세력으로부터 독립시키겠다고 결심하고 실행에 옮겼다. 이때 눈에 들어온 것이 천황이었고, 천황에게 군 통수권을 넘겨주었다. 이렇게 해서 일본군의 군정권軍政權(평시에 군대의 인사나 보급·행정을 살핌)과 군령권軍令權(전시에 군대에 명령을 내림)이 이원화되었다.

이때 등장한 것이 참모본부였다. 원래는 육군성 내의 일개 국이었으나 독립하여 천황 직속의 참모본부가 되었다. 이 덕분에 천황은 육군성이나 육군대신, 해군대신의 도움 없이도 직접 군대를 장악할 수 있었으며, 참모본부가 근현대 일본의 모든 전쟁을 좌지우지했다. '대본영'은 일본군 전체를 지배하는 천황 직속의 전시 통수 기관이었는데, 대부분이 참모본부에 속해 있는 조직이었다. 즉, 일본의 실질적인 전쟁 수행 기관이 참모본부란 뜻이다.

여기서 등장한 것이 육군대학이다. 육군대학을 졸업하지 못하면 절대로 참모본부, 육군성, 교육총감부에 들어가지 못했으므로 참모본부에 들어가기 위해서는 반드시 육군대학을 졸업해야 했다. 육군대학은 육군사관학교 졸업자로 2년 이상 복무한 30세 미만의 중위·대위만 입학할 수 있었는데, 보통 육군사관학교 졸업자 중 상위 20퍼센트만 입학할 수 있을 정도로 시험이 어려웠다. 교육 기간은 통상 보병·기병이 3년, 포병·공병은 2년이었다.

여기서 특기할 점은 이들의 관할이다. 일본 육군 내의 모든 학교가 교육총감부 관할 아래 있었지만, 육군대학은 참모본부 직할의 교육 기관으로 졸업생의 인사에도 참모본부가 관여했다. 다시 말해 육군대학은 참모본부의 파벌을 만드는 텃밭이었던 것이다. 천황을 옆에 끼고 전쟁을 획책하던 세력이 자신들의 세력을 직접 키워 인력을 보충한다? 언제나 그렇지만 파벌, 그중에서도 군벌이 흥해서 잘된 나라는 없다. 비근한 예로 우리나라 근현대사에 커다란 족적을 남긴 하나회를 생각해보라.

문제는 당시 일본군 내 육군대학의 위상이었다. 앞에서 언급했듯이 육군대학을 졸업하지 못하면 참모본부, 육군성, 교육총감부와 같은 요직에 들어가지 못했기에 육군대학 졸업자는 모든 육군 장교들의 선망의 대상이었다. 보직이나 승진 등의 실질적인 혜택도 대단했지만 겉으로 보이는 명예도 대단했다. 육군대학 졸업생에게는 국화와 별을 본뜬 졸업생 휘장이 수여되었는데, 이게 바로 텐보센조天保錢組다(막부 말기의 화폐인 천문통보와 비슷해서 그렇게 불렀다). 문제는 이 휘장을 달지 못한 장교들이 '무텐無天'이라 불리며 차별과 멸시를 받았다는 것이다. 이 때문에 쇼와 11년인 1936년에 휘장 착용이 금지됐지만 육군대학의 위상은 전혀 꺾이지 않았다.

여기서 우리가 주목해야 하는 것이 군토구미軍刀組다. 육군대학 졸업자 중 성적 상위 6명은 천황에게 은사恩賜의 군도를

군도를 하사받은 일본 육군대학 졸업생

하사받았는데, 이들은 일본 육군의 주요 보직을 독점했다. 이 육군대학 출신들이 일본을 어떻게 망쳤는지는 제2차 세계 대전 종전 후 벌어진 전범 재판에서 확인할 수 있다. A급 전범 28명 중 대부분이 육군대학 출신이었다. 이보다 확실한 증거가 있을까? 64년간의 일본 육군대학의 역사는 일본 전쟁의 역사이자 일본을 망가뜨린 역사이기도 했다. 만주사변을 일으킨 이시와라 간지石原莞爾, 천황의 명령을 사칭해 전쟁 포로를 죽였던 쓰지 마사노부辻政信, 그리고 조선 독립의 1등 공신인 도조 히데키東條英機가 육군대학이 키워낸 대표적인 인물들이다. 그러고 보니 도조 히데키의 아버지였던 도조 히데노리

東條英教 중장도 육군대학 1기를 수석으로 졸업했으니 부자 동문끼리 일본을 사이좋게 망가뜨렸다고 할 수 있다.

당시 일본의 상황을 단적으로 보여주는 예가 육군대신의 권한이다. 우리가 생각하는 현대 국가는 대통령(혹은 총리와 같은 국가 최고 지도자)에게 군 통수권이 있고, 군인은 국가 방위에만 충실해야 한다. 그러나 일본은 달랐다. 육군대신이 반대하면 내각은 결정을 할 수 없고, 육군이 대신을 천거하지 않으면 내각을 조직할 수 없었다. 현역 장군만이 육군대신을 할 수 있다는 황당한 소리를 했다가 민주화 기운이 물씬 풍기는 다이쇼 2년(1913)에는 현역이 아닌 예비역도 가능해졌다. 하지만 다시 전쟁의 기운이 넘쳐나던 쇼와 11년(1936)에 다시 현역만이 육군대신을 할 수 있게 바뀌었다.

일본이 제2차 세계 대전에서 패전할 수밖에 없었던 이유를 이제 알겠는가?

13

러일전쟁이 남긴 것

러일전쟁 직후 일본 육군과 해군은 서로 다른 적을 만들었다. 대륙 진출을 목표로 한 육군은 계속해서 러시아를 가상 적국(국방 정책을 세울 때 적국으로 상정하는 나라)으로 두었고, 해군은 미국을 가상 적국으로 꼽았다. 이때부터 이야기가 복잡해지는데, 러일전쟁 직후인 1907년 일본은 '제국 국방 방침'을 확정했다. 제국 국방 방침은 1918년, 1923년, 1936년 세 차례에 걸쳐 개정되었는데, 이는 일본의 군비 증강과 적국을 결정하는 고민의 흔적이었다.

1907년의 제국 국방 방침을 보면, 육군은 평시 25개 사단, 전시 50개 사단 체제로 되어 있다. 해군의 경우 그 유명한 '88 함대 프로젝트'를 내놓았다. 해군은 전함 8척, 순양전함 8척으로 구성된 88함대를 편성할 것을 구상했고, 이를 실천에 옮

기려 했다.

1907년 이미 일본의 군부는 민간의 통제 밖에 있는 조직이 되어 있었다. 국가가 휘두르는 합법적인 폭력을 다루는 군대가 '합법적으로' 정치에까지 개입한다면? 당시 일본은 합법적인 군사 국가였다. 문제는 이 군사 국가의 두 축이었던 육군과 해군이 서로 다른 적을 상정해놨다는 것이었다.

육군은 메이지 유신 이후로 한결같이 '대륙 팽창'을 주장했다. 조슈번 출신으로 육군사관학교와 육군대학을 졸업하고 훗날 수상의 자리에까지 오르는 다나카 기이치田中義一 대장은 참모본부 시절 국방 방침을 입안했다. "섬나라를 탈피하여 대륙 국가가 되어 국운을 신장해야 한다. 조선과 남만주는 이런 대륙 국가의 중요 부분이며…" 그 결과가 육군 주도로 이루어진 청일전쟁과 러일전쟁이었다. 러일전쟁 말기부터 구체적으로 만주 진주와 통치에 대한 구상이 나왔고, 의화단 사건이 터진 후에는 만주에 '신일본'을 건설해야 한다는 보고가 나올 정도였다.

해군 역시 러일전쟁을 치른 이후 일본의 미래를 구상했다. "동아시아의 해양 주도권은 이미 일본이 쥐고 있다. 이제 남은 건 태평양으로 서진西進하고 있는 미국을 견제하며 동아시

일본은 1931년 만주사변을 일으켜 꿈에 그리던 만주를 정복했다.

아의 일본 세력권을 지켜내는 것이다." 똑같은 전쟁을 치렀음
에도 육군은 대륙으로의 진출을, 해군은 해양으로의 진출을
원하고 있었다. 물론 큰 틀에서 보자면 모두 아시아의 패권을
확보하고 이를 지키겠다는 의지를 천명한 것이었지만 둘은
미묘한 차이를 보였다.

　하나의 국가에 있는 두 개의 군대가 서로 다른 적을 상대로
싸우겠다고 말하며 서로 다른 국가 전략 목표를 내놓는다는
게 가능할까? 현대 국가라면 절대 불가능한 일일 것이다(군대
가 국가 전략 목표를 내놓는다는 것 자체가 어불성설이다). 그러나 일
본은 이 불가능한 일을 현실로 만들었다. 만약 러일전쟁 직후

제1차 세계 대전이 일어나지 않았다면 일본의 이 무모한 구상과 전략은 물거품이 됐을 것이다. 그러나 하늘의 도움이었는지 세계는 전쟁의 화마에 휩싸였고, 일본의 이 무모한 구상과 전략은 구체화됐다. 그 결과 제2차 세계 대전이 터질 때까지 일본은 전쟁 국가의 길을 걷게 되었다.

러일전쟁이 남긴 것

국제정치학적으로 러일전쟁은 '근대화에 성공한 일본이 국제 정치 무대에 화려하게 데뷔한 전쟁'이라고 할 수 있다. 러시아라는 대제국을 상대로 일본이 거둔 승리는 여러모로 시사하는 바가 컸다. 일본은 흑선에 의한 개항 이후 불과 60여 년 만에 국제 사회에 당당히 그 이름을 내밀 정도의 실력을 쌓았고, 아시아에서 최초로 근대의 길을 걸었으며, 식민지가 아닌 제국으로 발돋움한 최초의 아시아 국가가 되었다. 이 외에도 그레이트 게임의 마지막을 화려하게 장식한 전쟁이란 점, 조선의 최후를 결정지은 전쟁이자 제국주의 시대 마지막 제국을 결정짓는 전쟁이란 점 등등 러일전쟁은 수많은 의미를 띤 전쟁이었다.

그러나 국제정치가 아닌 '사람'의 입장에서 본 러일전쟁은 한마디로 '지옥'이었다. 러일전쟁은 그 자체로 지옥이었으며, 그 이후에도 사람들에게 생지옥을 선사했다. 아울러 주변국들에게 20세기의 전쟁이 어떤 양상으로 벌어지게 될지 선행학습을 시켜줬다.

《언덕 위의 구름》은 '근대의 힘'이라는 말로 이를 잘 표현했다. 산업혁명의 힘은 군대의 전략과 전술을 순식간에 뒤바꿔 놓았다. 기차의 등장으로 대표되는 속도의 향상, 기관총과 중포의 등장으로 인한 압도적인 대량 살상 능력은 인간의 예상을 뛰어넘었다. 근대의 힘은 공격자보다는 수비자에게 압도적인 우위를 안겨주었다.

러일전쟁은 이 근대의 힘을 '육탄 돌격'으로 상대했던 전쟁이기도 했다. 그 결과는 참혹했다. 대량 생산과 대량 소비가 일상화된 자본주의의 삶 속에서 전쟁도 자본주의를 따라 흘러가게 되었고, 인간의 생명은 총탄 앞에서 한없이 가벼워졌다. 재밌는 사실은 이 모든 걸 지켜본 유럽의 제국들이 10년 뒤 이와 똑같은 전투를 치렀다는 점이다. 그것도 무려 4년 반씩이나 말이다.

어쨌든 당시 일본 국민들은 러일전쟁에서 승리했다고 생각했다. 승리했기에 오히려 불행해졌다고 해야 할까? 아니, 그 이전에 일본이 러일전쟁에서 '승리'했다고 볼 수 있을까? 전략적인 면에서의 승리는 인정할 수 있다. 그러나 개별 전투에서의 모습을 보면 대실패였다.

203고지로의 '닥치고 돌격'은 일본 군부의 무능함을 고스란히 보여준 하나의 촌극이었다. 그럼에도 일본은 러일전쟁에서 어떠한 교훈도 도출해내지 못했다. 오히려 이를 확대재생산해서 일본군의 교리로 받아들였다. "정신력이 화력을 이겨낼 수 있다" "사람보다 물자가 더 소중하다"라는 이상한 논리가 일본군의 머릿속에 확고하게 박힌 것이 바로 러일전쟁 때다. 일본은 가난한 나라이고 소모전 양상으로 흐르는 근대전의 물량을 감당할 능력이 되지 않는다는 전제하에서 강조된 논리였다. 육군대학 출신 참모들은 일본 최고의 엘리트라고 자부하는 이들이었지만 그들이 내놓은 논리는 전쟁에 미친 광신도들의 헛소리처럼 들렸다. 이제 일본 국민은 세금뿐 아니라 그들의 목숨까지도 국가에 헌납해야 했다. 지옥이 열린 것이다.

일본 국민은 청일전쟁으로 시작된 전쟁 국가의 길을 러일전쟁에서 확립했고, 이후 제2차 세계 대전 때까지 전쟁 국가에서 살아가야 했다. 결과는 참혹했다. 전쟁터에 끌려 나가지 않아도 전비로 내놓아야 하는 세금은 어떻게 감당했을까? 전시 때에는 세금과 생명을 같이 내놓아야 했고 평시에는 생명만큼 소중한 돈을 세금으로 내야 했다.

제1차 세계 대전 덕분에 한숨 돌리긴 했지만 대공황이 터지면서 일본은 다시 위기에 빠져들었고 이후 중일전쟁(태평양전쟁)으로 나아가기 위한 수순을 밟았다. 일본 국민은 경기가 좋든 나쁘든, 전쟁을 하든 안 하든 언제나 희생해야 했고 생명의 위협을 느껴야 했다. 지금의 기준으로는 이해하기 어렵지만, 평시에도 일본인들은 과도한 세금 부담 속에 살아야 했다. 그 부담을 이기지 못해 딸을 팔거나 생명을 끊는 경우도 비일비재했다. 그 중심에는 '전함'이 있었다.

전함, 그 피할 수 없는 유혹

북한을 떠올려보자. 김일성, 김정일, 김정은으로 이어지는 3대 세습 독재를 하는 나라(공산주의는 옛날에 물 건너갔고, 이 정도면

왕조국가로 봐야 한다)에서 제일 먼저 내세우는 게 뭘까? 바로 '군대'다. 김정일 시절부터 내세운 '선군정치'는 국가의 모든 정책 결정에서 군대를 최우선으로 하는 정치다. 자신들의 권력을 유지하기 위해서는 군대를 챙겨야 한다는 것이다.

북한은 군대를 최우선에 놓고 군대를 중심으로 돌아가는 병영 국가다. 재미난 사실은 이렇게 각별히 챙기는 군대를 김일성 3대가 믿지 못한다는 것이다. 어쩌면 당연한 것인지도 모른다. 자신의 권력을 지키던 총부리를 자신에게 겨눈다면 권력은 물론 생명까지도 위협받을 테니 말이다. 그래서 북한은 지휘관을 감시하기 위해 정치장교를 두고 이 정치장교를 감시하기 위해 보위부원을 둔다. 이런 구조라 당연히 지휘 체계는 복잡해지고 의사 결정에 시간이 걸린다.

북한은 병영 국가다. 모든 사회 시스템이 군대를 위해 존재하듯이 돌아가고, 그 결과 전체 예산의 3분의 1을 군대에 배정한다. 놀라운 것은 병력의 숫자다. 국가의 평시 상비군 수의 마지노선은 전체 국민의 7퍼센트 수준이다. 이 수준을 넘어서는 순간 사회는 심각한 압박을 받는다. 사회에 나와 생산과 소비를 해야 할 인구를 군대에 집어넣어서는 사회가 돌아가지 않기 때문이다. 그런데 북한은 어떠한가? 현역 119만, 예비군

770만의 병력을 보유하고 있다. 한 달 안에 1000만의 무장 병력을 동원할 수 있는 나라인 것이다. 그래서 지금 겉으로 보이는 북한의 모습은 어떤가? 정상적인 국가로 보이는가? 앞으로 발전 가능성이 보이는가?

러일전쟁 직후의 일본이 이러했다. 북한처럼 징집했다는 것이 아니다. 일본은 세금을 쥐어짰다. 북한의 군사비는 전체 예산의 3분의 1이다. 물론 다른 예산에 숨어 있는 국방 예산을 포함한다면 더 커지겠지만 명목상으로는 전체 예산의 3분의 1이다. 1921년 일본의 해군 건함 사업 예산은 일본 전체 예산의 30퍼센트 이상을 차지했다. 국가 예산의 3분의 1을 전함을 만드는 데 쏟아부은 셈이다. 이게 정상적인 국가일까? 물론 같은 시기에 다른 세계열강들도 건함 경쟁에 뛰어들어 막대한 예산을 쏟아부었다. 그러나 경제 규모와 산업 기반을 고려한다면 일본의 상황이 훨씬 더 심각했다.

일본은 제1차 세계 대전이 끝나고 나서 소 뒷걸음치다 쥐 잡은 격으로 얼떨결에 세계 5대 열강의 자리에 올라섰다. 러일전쟁과 뒤이은 제1차 세계 대전, 러시아 혁명으로 일본 육군은 러시아의 남하 걱정 없이 대륙으로 진출할 수 있는 카드를 쥐었고, 덕분에 영일 동맹은 의미가 없어졌다. 러시아란 적이 사라짐에 따라 일본은 마음 놓고 대륙에 진출할 수 있는 상황을 맞이한 것이다.

쓰시마 해전을 통해 러시아 해군을 전멸시킨 일본 해군도 동아시아 최강의 함대를 꾸릴 수 있게 됐다. 상식적인 국가라면 여기서 국가의 역량에 걸맞은 군사력을 갖추려 했을 것이다. 눈앞의 적이 사라졌으니 팽창보다는 지금 확보한 영역에서 내실을 다지는 방향으로 군사력을 조정하고, 남은 힘을 사회의 다른 분야에 돌리겠다고 생각했을 것이다. 그러나 일본은 달랐다.

88함대의 1번함이었던 나가토 전함

쓰시마 해전 이후 엄청나게 강해진 일본 해군의 발언권에 군부의 팽창주의적 사고가 결합되었다. 게다가 러일전쟁 직후에는 채무국이던 일본이 제1차 세계 대전 이후 채권국으로 발돋움하여 일본에 돈이 돌기 시작했다. 그 돈을 목격한 일본 해군은 88함대 건설에 박차를 가했다. 물론 아무리 호경기라 해도 당장 88함대를 건설하는 것은 무리였다. 그래서 1916년 84함대, 1918년 86함대에 이어 1920년에 88함대를 편성할 것을 의회에 '요구'했다. 1920년대까지의 일본 경제 상황을 고려하면 8척의 전함과 8척의 순양전함을 갖추는 88함대 계획안이 무모하다고 보긴 어려웠다. 문제는 전함의 가격이 계속해서 올라갔다는 것이다.

러일전쟁의 여파로 세계 해군은 전혀 다른 도전에 직면했다. 바로 드레드노트급이다. 이는 마치 미국이 원자폭탄을 개발한 것과 같았다. 이 드레드노트의 탄생에 일조한 것이 바로 쓰시마 해전이다. 드레드노트의 건조를 강력하게 밀어붙였던 영국의 피셔 제독이 쓰시마 해전에서 아이디어를 얻었기 때문이다. 실제로 이 드레드노트급의 등장으로 세계의 모든 함선들은 한순간에 '구식 전함'이 됐고, 각국은 이 드레드노트급 전함을 만들기 위한 건함 경쟁에 뛰어들었다. 이는 제1차 세계 대전으로 천천히 나아가는 과정이기도 했다.

　잘 알려지지 않은 사실이지만, 드레드노트급의 등장은 제1차 세계 대전을 촉발한 원인이기도 하다. 당시는 바다를 지배하는 자가 곧 세계를 지배하던 시대였다. 그런데 드레드노트급의 등장은 세계의 모든 군사전략가와 관계자들을 혼미하게 만들었다. 당장 드레드노트급 전함을 만들어야 한다는 조급함이 건함 경쟁을 불러일으켰고, 점점 벌어지는 드레드노트급의 격차를 극복하지 못해 차라리 전쟁을 일으키는 편이 낫다는 판단으로까지 이어진 것이다.

　러일전쟁은 그렇게 새로운 전쟁을 잉태했다.

• 이성환, 《전쟁국가 일본》, 살림, 2005

• 육군사관학교 전사학과, 《세계전쟁사》, 황금알, 2004

• 이상태, 《조선역사 바로잡기》, 가람기획, 2000

• 이윤섭, 《다시 쓰는 한국 근대사》, 평단문화사, 2009

• 이윤섭, 《러일전쟁과 을사보호조약》, 이북스펍, 2012

• 위텐런, 《대본영의 참모들》, 나남, 2014

• 맥스 부트, 《Made In War 전쟁이 만든 신세계》, 플래닛미디어, 2007

• 마이클 하워드 外, 《20세기의 역사》, 이산, 2000

• 희희낙락호호당(http://hohodang.com)

• 나무위키(https://namu.wiki)

• 위키피디아(https://ko.wikipedia.org)